姜雯漪 / 著

人间四月天的刹那芳华

林徽因 传

中国华侨出版社

北京

## 图书在版编目（CIP）数据

人间四月天的刹那芳华：林徽因传 / 姜雯漪著. —
北京：中国华侨出版社，2018.3
　　ISBN 978-7-5113-7434-9

　　Ⅰ.①人… Ⅱ.①姜… Ⅲ.①中国文学—现代文学—
作品综合集 Ⅳ.① I216.2

中国版本图书馆CIP数据核字（2018）第020361号

## 人间四月天的刹那芳华：林徽因传

著　　者 / 姜雯漪

责任编辑 / 泰　然

封面设计 / 李艾红

文字编辑 / 黎　娜

美术编辑 / 吴秀侠

经　　销 / 新华书店

开　　本 / 880mm × 1230mm　1/32　印张：8.5　字数：260千字

印　　刷 / 三河市嘉科万达彩色印刷有限公司

版　　次 / 2018年5月第1版　2019年10月第2次印刷

书　　号 / ISBN 978-7-5113-7434-9

定　　价 / 38.00元

中国华侨出版社　北京市朝阳区静安里26号通成达大厦3层　邮编：100028

法律顾问：陈鹰律师事务所

发 行 部：（010）64443051　　传　　真：（010）64439708

网　　址：www.oveaschin.com　　E-mail：oveaschin@sina.com

如果发现印装质量问题，影响阅读，请与印刷厂联系调换。

我说你是人间的四月天；

笑响点亮了四面风；轻灵

在春的光艳中交舞着变。

……

你是一树一树的花开，是燕

在梁间呢喃——你是爱，是暖，

是希望，你是人间的四月天！

——《你是人间的四月天》

冬有冬的来意，
寒冷像花，——
花有花香，冬有回忆一把。
——《静坐》

人生，
你是一支曲子，
我是歌唱的。
——《人生》

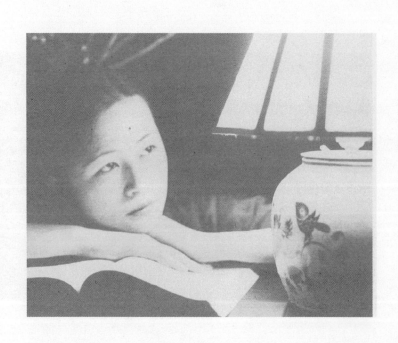

是谁笑成这百层塔高耸，

让不知名鸟雀来盘旋？是谁

笑成这万千个风铃的转动，

从每一层琉璃的檐边

摇上

云天？

——《深笑》

忘掉曾有这世界；有你；

哀悼谁又曾有过爱恋；

落花似的落尽，忘了去

这些个泪点里的情绪。

——《情愿》

昨天又昨天，美

还逃不出时间的威严。

——《题剔空菩提叶》

如果我的心是一朵莲花，

正中擎出一枝点亮的蜡，

荧荧虽则单是那一剪光，

我也要它骄傲的捧出辉煌。

　　　　　　　——《莲灯》

世间女子，纷丽多姿。唯独有她，哀艳如诗。

她是一个女人，一个母亲，一个作家，一个建筑学者，一个传奇。

她是林徽因，最令人怀念的民国女子。

她美艳如花，风华绝代，但是她生命中的一半时间都在和肺病做斗争，中年以后瘦得只剩下一把骨头。

她出身名门，留学欧美，但是她有一个寂寞的童年，她是一个怨妾的女儿，二十一岁时父亲去世。

她可以在北京城豪华的"太太客厅"里优雅地谈笑风生，她也可以坐三等火车，住鸡毛小店，出没于荒郊野外进行考察。

她是三角恋的女主角。诗人徐志摩为她抛弃发妻，哲人金岳霖为她终身守候，建筑学家梁思成呵护了她一辈子。

她是家庭妇女，也是作家；她是两个孩子的慈母，也是建筑师；她是优雅的沙龙女主人，也是风餐露宿进行田野考察的学者；她是貌美如花、情感细腻的女性，也是四处奔走、理智刚毅的男性；她拖着病弱的身躯，却带给身边的人们无限的活力。

她真诚、热情、细腻、直率，同时也有几分自恋、自傲，她一生缺乏女性朋友，是有名的"刀子嘴，豆腐心"。

这就是我们要给大家说的林徽因，一个多面的、并不完美的林徽因，一个超越了绯闻女主角的林徽因。

很难说林徽因是幸运的，抑或是不幸。上帝关闭一扇窗，也许会为你打开一扇门；同样，如果上帝打开一扇门，也许就会关闭一扇窗。大多数时候，生命或多或少，都会给我们暗淡的底子，有的人偏要把它涂成明亮的彩色，有的人却在黑暗中沉沦下去。林徽因是前者。

女性常常夸大自己的脆弱，认为自己是一株藤蔓，必须缠绕在一棵树上。其实如果内心强大，女性本身就是一棵树。林徽因用脚去丈量，用心去写作，用病体去工作，在忙碌中她的内心变得更加强大，不管身边是什么样的男性，都不必去依附。她赢得了他们的爱和尊重一辈子。

从北总布胡同的"太太客厅"，到西南联大她与丈夫梁思成一起脱坯和泥筑建的屋宅，再到她患病时煎熬五年困苦闭封却依旧未曾懈怠建筑研究片刻的李庄生涯。林徽因，一步一步，走得铿锵、热烈，又哀艳、笃定，寸寸皆是庄严并令人钦佩。

她的人生不算长，可是经历了繁华与优渥，也历尽了贫困与疾病；收获了亲情、友情与爱情，也获得了圆满的婚姻。也正是因为这样，为林徽因立传，实在是一件美好的事。《人间四月天的刹那芳华：林徽因传》将要叙述的，是她的才华，她的性格，她的信仰，她的苦难，她的事业，美丽之外的坎坎坷坷、灿烂与辉煌……让你邂逅一位真实的林徽因。

## 梦回江南烟雨中

　　林徽因幼年时的照片留下的不多，大抵是由于年代久远不知失落在何处吧。有一张徽因大约 3 岁时的照片被保存下来：一个小小的女孩子站在庭院里，背靠一张老式藤椅，清澈的眼睛注视着前方。这老宅已有百年光阴，这藤椅亦默默守候了很多人的欢笑和泪珠。唯有这女孩尚不知人事，亦不知那遥远处会有怎样的期待和遭遇。

　　林徽因是林家的第一个孩子，祖父母和父亲，自然视其为掌上明珠。她也是怨妾的女儿，与父亲聚少离多。人生就是这么悲喜交加。

　　然而人生又何来绝对的完美？悲观者说人生下来即为承担罪孽，以为自己早已厌倦，却总想一醉贪欢。

　　而那被时光遗忘的欢颜，此时还在烟雨蒙蒙中等待着谁呢？

## 徽音，徽因

几场梅雨，几卷荷风，杭州城已是烟水迷离。

淡妆浓抹总相宜的西湖，恍若梦境的烟雨小巷，青翠掩映下的幽深庭院……它们静静地，不知道在等待着什么。

也许是在等待一个人的到来，让这座古城更加风情万种。

微雨西湖，莲花徐徐地舒展绽放。

一座本就韵味天然的城，被秋月春风的情怀滋养，又被诗酒年华的故事填满。这是梦里才有的故园，让人沉迷其中，但愿长醉不复醒。

1904 年 6 月 10 日，杭州。陆官巷如往日一样古朴安详，空气中飘散着栀子花的清淡香气。林宅的主人——太守林孝恂的长子，28 岁的林长民此时并不在家中。他正与一群志同道合的朋友为自己的政治理想奔忙着，和热血沸腾的宪政名士来往，用笔杆子为他们的主张摇旗呐喊。他整日忙碌，极少过问家中事，甚至包括自己待产的太太。

忽然间，一声婴儿清亮的啼哭打破了这座巍巍官宅燥热的宁静。这一声啼哭在太守和妻子游氏听来犹如天籁——林孝恂的长孙女，长民的长女出生了。

这个小婴儿为沉寂许久的林宅带来了无限的希望和欢喜。尽管当时男尊女卑，尽管这是个女孩子，但也是上苍赐给林家的一份不早不晚的厚礼。弄瓦之喜嘛。

3岁时的林徽因。

一个女孩子，又是长女，名字一定得精雕细琢了，取什么名字好呢？林老太爷是光绪己丑年（1889年）年进士，自然是饱读诗书，信手拈来。《诗经·大雅·思齐》云："思齐大任，文王之母。思媚周姜，京室之妇。大姒嗣徽音，则百斯男。"长孙女遂名为林徽音。

无数诗词歌赋中有那么多美丽娇媚的名字，为什么给孩子取名为徽音呢？

《诗经·雅大雅·文王之什》的全诗是：

思齐大任，文王之母，思媚周姜，京室之妇。大姒嗣徽音，则百斯男。

惠于宗公，神罔时怨，神罔时恫。刑于寡妻，至于兄弟，以御于家邦。

雍雍在宫，肃肃在庙。不显亦临，无射亦保。

肆戎疾不殄，烈假不瑕。不闻亦式，不谏亦入。肆成人有德，小子有造。古之人无斁，誉髦斯士。

这首诗的大意为歌颂周文王善于修身齐家治国。首章六句是对三位女性的赞美，即"周室三母"：文王的祖母周姜（太姜），文王的母亲大任（太任）和文王妻子大姒（太姒）。作者认为，周文王如此贤明，与这三位女性息息相关。文王的祖母、母亲和妻子都是贤良端庄的女性，文王耳濡目染，处在一个很好的人际环境中。诗作后半部分赞扬了文王作为圣人的行动和好结果：孝敬祖先，故祖先无怨无痛，庇佑文王；文王以身作则于妻子，使大姒母仪天下；做兄弟们的榜样，使兄弟温文有礼，整个家族和邦国都和平、温馨。

虽然时光倒流千年，儒家的先哲们对女性却并不存在偏见，他们承认女性在相夫教子中的重要地位并颂扬之。林孝恂明显继承了这一优良文化传统。并且，长子林长民把这一传统发扬光大，甚至更进一步。他把长女徽音当作儿子一样培养，送她读书，带着她出国游学。让人没想到的是，这个女孩子在未来不仅做到了相夫教子，更在男性占据绝对优势的领域争取到了一席之地，留名中国建筑史。即使是在力求两性平等的今天，这样的成就也足以令人赞叹，更何

况她还是一名天赋禀异的诗人。

徽音改为徽因是 20 世纪 30 年代的事情了。当时她常有诗作发表，另一位经常写诗的男性作者名林徽音，报刊经常把他们的名字混淆。《诗刊》还专门就这件事发过更正声明。于是林徽因自己给自己改了名字。

"我倒不怕别人把我的作品当成了他的作品，我只怕别人把他的作品当成了我的。"此后，林徽音正式更名为林徽因。

林徽因对改名字的解释，流露出她独有的傲气。她相信自己是独一无二的，不愿泯然于众人。从字形上看，徽因比徽音更男性化，似乎不太适合面容秀丽的她。但这恰好契合了她的性格。林徽因"人艳如花"的外表下，是不输给七尺男儿的坚韧。她短暂却耀眼的一生，诠释了一位女性是如何把坚强和美丽、风情和理智完美地结合在一起。她仿佛是一个遥不可及的梦，一个筑在高高的崖壁上、在云间若隐若现的城堡中的梦。

《诗经·大雅·思齐》云："思齐大任，文王之母。思媚周姜，京室之妇。大姒嗣徽音，则百斯男。"遂名为林徽音。

# 庭怨深深深几许

那座古朴灵性的深深庭院，带着温厚的江南底蕴。只是不知道青瓦灰墙下，有过几多冷暖交替的从前；老旧的木楼上，又有何人凝注过飞入百姓家的堂前燕。

园内的栀子花还在不识愁滋味地开着，梁间的燕巢仍在，桌上的景泰蓝花瓶已落满尘埃。它们还不知道，这宅院里的人都去了哪里。

幸福宁静之下总是隐藏着苦涩的暗涌，就像花容月貌终将抵不过春恨秋悲的凋零。

这深深庭院，倒是适合上演这么一些说不清道不明的前尘往事。

林徽因出身高贵，是真正的书香门第的后代。祖父林孝恂历任浙江海宁、石门、仁和各州县，他资助的旅日青年学子多参加孙中山领导的革命运动。父亲林长民1906年赴日留学，回国之后就读于杭州东文学校，后再次东渡日本，于早稻田大学学习政治法律。林长民气质儒雅，善诗文，工书法，翻译过《西方东侵史》，也是《译林》月刊的创始人之一。徽因的叔叔、姑姑们也是才华横溢。总之，林家人才辈出，风气向学，志在荡涤陋习，除旧迎新。

只有一个人与这个环境格格不入，那就是徽因的母亲何雪媛。

何雪媛是林长民的续弦。她来自浙江小城嘉兴，家里开着小作坊，属于典型的小家碧玉。林长民原配是门当户对的叶氏，两人系指腹为婚，感情淡薄。叶氏早早病逝，来不及留下一儿半女。何雪媛在这样的情况下嫁入林家，名为续弦，实与原配无异。对于一个小作坊主的女儿来说，能嫁入林家，堪称天大的喜事了。

但何雪媛并不幸福。她大字不识，又不会女红，脾气也不好。因此，她和丈夫没有任何共同语言。她也不理解林家上下那种读书人的作为：一家子聚在一起吟诗作对，讲历史典故，针砭时弊，激扬文字。她不懂，更没有兴趣，觉得他们很可笑。如果是算计升官发财的途径，也情有可原，可这些丝毫没有实用价值的行为有何用呢？

林家人也曾试图向何雪媛解释这一切，但很快发现他们根本是两个世界的人，于是他们不再跟她费口舌，丈夫回家的次数越来越少。她试图参与一些家务事，但那套小作坊带来的行事做派根本入不了婆婆的法眼。甚至连佣人也把她的指挥当耳边风，他们只听游氏——这个优雅干练，有文化的女人的话。

何雪媛就这样在书香门第中煎熬着，性格渐渐变得暴躁，喜怒无常。特别是女儿林徽因被公公婆婆带走教读书识字这件事更让她

感到孤立无援。何雪媛常常无故冲小小的徽因发脾气，过后又后悔甚至哭泣起来。徽因战战兢兢地和母亲相处着，不知如何是好。

父母的言行势必会影响孩子日后的人生。何雪媛给了林徽因性格上负面的影响，至少急躁是其中之一。几十年后，林徽因为人妻为人母，仍然和母亲住在一起，两个急躁的女性处在同一屋檐下，冲突无可避免。她在给好友费慰梅的信中说："我自己的母亲碰巧是个极其无能又爱管闲事的女人，而且她还是天下最没有耐性的人。刚才这又是为了女佣人……我经常和妈妈争吵，但这完全是傻帽和自找苦吃。"

林徽因爱着母亲，但无法令人放松的母女关系也成了她一生的精神包袱。徽因好友金岳霖写给费正清的信中如此看待林母：

她属于完全不同的一代人，却又生活在一个比较现代的家庭中，她在这个家庭中主意很多，也有些能量，可是完全没有正经事可做，她做的只是偶尔落到她手中的事。她自己因为非常寂寞，迫切需要与人交谈，唯一能够与之交流的就是徽因，但徽因由于全然不了解她的一般观念和感受，几乎不能和她交流。其结果是她和自己的女儿之间除了争吵以外别无接触。她们彼此相爱，却又相互不喜欢。

何雪媛和林徽因的关系，就像她和林长民一样，无话可说，说话必争吵。何雪媛就在这种"无话可说""无事可做"的状态下，直到她八十多岁去世。她的一生中经历了两件大事情，一是给自己51岁的女儿送终，二是几年后给女婿送终。为她送终的，则是她女婿的续弦。

## 蔡官巷

人的性情多为天生，
有些人骨子里即是安静，
有些人生来便怀着躁动不
安的因子。但后天之启蒙
亦尤为重要，倘若一个沉
静之人被放逐于喧嚣市井，
难免不为浮华所动。而将
一个浮躁之人搁置于庙宇
山林，亦可稍许净化。我

与表姊妹合影，左起：林徽因、曾语儿、王次亮、
林麟趾、王孟瑜。

们都在潜移默化的时光中改变着自己，熟悉又陌生，陌生又熟悉。

1909 年，5 岁的林徽因随家人搬迁至蔡官巷的一处宅院，在这
里住了三年。时光短暂，但却给一代才女风华绝代的人生奠定了不
可动摇的根基。徽因的大姑林泽民成为她的启蒙老师。林泽民是典
型的大家闺秀，打小接受私塾教育，琴棋书画样样精通，诗词歌赋
也不落人后。就是这位知书达理、温文尔雅的姑母教会了徽因读书
识字。

最重要的是，林徽因由于林泽民的启蒙，爱上了书香。

拨开时光的雾霭，我们仿佛可以看到幼小的徽因手捧一册册书

本，在月上柳梢头的夜晚，在暮色低垂的黄昏，在朝暮喷薄的清晨安静而沉醉地阅读着，用小小的心体会着。也许那时她还不能完全明白其中美好的意象，也读不懂诗意的情怀和人情冷暖的故事，但她从此爱上了读书。

那些早早就映入脑海的或瑰丽或清淡的文字，在她成年后，幻化成一树一树的花开，幻化成忧郁的秋天，幻化成少女的巧笑倩兮和不息的变幻，成为中国现代文学的星空中最特别的那一颗星子。

但林徽因的童年并非单纯愉快，她的家庭注定了她不能用符合这个年纪的行事与大人们交流。

何雪媛由于得不到父亲的宠爱和家族的首肯，生出抱怨之心。那时候她跟母亲住在后院，每次高高兴兴从前院回来，何雪媛就会无休止地数落女儿。从那时候起，徽因的内心深处就交织着对父母又爱又怨的矛盾感情。她爱儒雅清俊才华横溢的父亲，却又怪他对母亲的冷淡无情；她也爱着给她温暖和爱的母亲，又怨着她总在怨怼中把父亲推得更远。

年纪小小的徽因背上了成年人强加的沉重。她既要在祖父母、父亲面前当乖巧伶俐的"天才少女"，又得在母亲面前做个让她满意

的乖顺的女儿。多年以后林徽因写了一篇叫作《绣绣》的小说，说的是一个乖巧的女孩子绣绣生活在一个不幸的家庭，母亲性格懦弱、心胸狭隘又无能，父亲冷落妻子，又娶了二太太。绣绣整日夹在父母的争执中彷徨不安，最终因病死去了。绣绣还未成熟的心灵里深藏着对父母爱恨交织的情绪，爱莫能助的无奈。

这一切又何尝不是林徽因童年生活的写照呢。

徽因7岁上，祖母游氏去世。一直对婆婆怀有复杂感情的何雪媛在葬礼上失声痛哭。这个女人是她的"敌人"，也是她的偶像。恨、嫉妒、崇拜、感激（何雪媛结婚后多年未生育，游氏告诫儿子洁身自好不要急着纳妾）交织着她被抱怨占据的内心。现在，已成为林家女主人的何雪媛原谅了这个又爱又恨的"仇敌"。她变得平静很多，就算是抱怨也能做到心平气和，不像以前那样喜怒无常。

也许，徽因的父亲未必是个薄情之人，只是他与妻子之间无任何爱的交集。人总是在不断的错失中走过一生，相伴的人未必是曾经憧憬过的那个人，但仍然要努力地走下去。彼此厌烦并非罪不可赦，只可惜天意弄人，流水落花，造出这么多痴男怨女，不得尽如人意。

大半生在与肺病做着抗争，尝尽人间冷暖的林徽因也清楚地了解这些吧。她生命中有据可查的感情，哪怕是和梁思成神仙眷侣，哪一段是真正意义上的圆满呢，哪能没有丝毫遗憾呢？就算风华绝代，也不过是个饮食烟火的平凡女人，也曾有过惆怅和踟蹰，只不过她终究做到了收放自如，并懂得如何取舍罢了。

## 妾的女儿

妾，又称姨太、陪房，主要指一夫多妻制结构中，地位低于正妻的女性配偶。

这绝对不是一个好词。

可能很少有人知道，一代才女林徽因便是妾的女儿。

她是林家的长女，得宠，但林家人却吝于将这份宠爱分给她的母亲。

林徽因的生母，这个脾气喜怒无常，常常伤害尚且年幼的女儿的怨妾，也许并不知道，她的性格是如何影响了女儿一生对爱情的抉择。

年轻时的林长民。

好日子就像薄薄的第一场冬雪，还没等把美景看个究竟就消失得无踪迹了。徽因九岁，林长民娶了二太太程桂林。作为大太太的何雪媛，是最后一个知道老爷要纳妾的。林长民禀告了老太爷一回，得了默许。林太守已是垂暮的夕阳，实在没有心力再来操心37岁大儿子的第三桩婚事了。那时候他们已经举家搬迁到上海。

何雪媛听到这个消息很平静，她知道该来的总会来的，丈夫终究是熬不住自己了。那个时代三妻四妾的男人多的是，甚至一些女性为了取悦丈夫，遇到纳妾的事儿比丈夫本人还积极，但何雪媛做

人间四月天的刹那芳华 林徽因 传

不到。她虽不是什么大户人家的千金，但也是家中老小，父母娇宠爱护。要她和别的女人分享一个丈夫是没办法的。

何雪媛对于二太太很是好奇。她到底是个怎样的女性呢？一定很美丽吧，或者是个清丽的女学生，一个风情万种的交际花？她也会像林家人一样吟诗作对吗？会说洋话，识洋文吗？她会怎么看待这个大太太呢？

程桂林在何雪媛忐忑不安的期待中终于来了。何雪媛看她一眼就大失所望。她不年轻，不美丽，个头不高，勉强能赞一句娇小玲珑。而且听八卦的老妈子说，二太太也是个目不识丁的俗气女人。何雪媛终于松下一口气，看来这不是个值得防备的竞争对手。况且，程桂林对她还算友善，她也挑不出什么理，遂同样亲热相待。

但何雪媛很快就对二太太亲热不起来了。她原本以为依着林长民的性子，对程桂林八成也是不冷不热，没想到这个大字不识的女人把丈夫牢牢地绑走了。林长民每次归来，就直奔程桂林的房间。离家的时候，最多冷淡地和大太太打个招呼。这简直太不公平了！

其实，林长民宠爱程桂林也是有原因的。程桂林虽然没有文化，但胜在识得眉眼高低，说话轻言细语，不像何雪媛那样漂亮话一句没有。她从来不会发脾气，最多嗲着嗓子冲老爷叫："宗孟——你到底要怎么样嘛！"听得何雪媛掉一地鸡皮疙瘩。可是没关系，宗孟可是受用得很。

林长民被嗲声嗲气的程桂林哄得高兴，带着她去到处玩乐、出差，还新起了一个名号"桂林一支室主"。

何雪媛被气得头昏脑涨，但是二太太对大太太的怒气好像感觉不到一样，照样温言软语跟她搭讪。何雪媛没办法，只好另找途径发泄。猫呀狗呀，连仆人们都遭了殃。林长民偶尔来一趟也不得幸免，最后干脆眼不见为净了。

后来，程桂林像示威似的，接二连三地生下三儿一女。比起前院的其乐融融，何雪媛的后院彻底成了"冷宫"。何雪媛知道，自己一辈子只能是林长民的妾了。都说妻不如妾，这话对从妻的位子上退下来的何雪媛是何其讽刺呀！她永远不能堂堂正正地做她的林太太了。

以前，他不乐意，是她自己倔，不讨人喜欢；现在，他更不会愿意了，她要是扶了正，程桂林往哪摆呢？他可不愿意这么做。

因为二太太的到来和得宠，何雪媛对"太太"的名分彻底死心了。这个名分是何雪媛和女儿林徽因一辈子的心

结，一辈子的痛楚。多年后林徽因拒绝徐志摩的追求，有人说最大的原因就是徐志摩当时已与张幼仪结婚，林徽因若是与他一起，必定是"小"；甚至徐志摩最终顶着压力离了婚，她也不肯回头，而是选择了梁启超的大公子。

林徽因的儿子梁从诫这么理解她的母亲的：

她爱父亲，却恨他对自己母亲的无情；她爱自己的母亲，却又恨她不争气；她以长姊真挚的感情，爱着几个异母的弟妹，然而，那个半封建的家庭中扭曲了的人际关系却在精神上深深地伤害过她。（《倏忽人间四月天》）

多年后林徽因又一次被推到一个旋涡的中心，始作俑者是三个爱她的男人。也正是这几段感情让她遭到非议。天意？人意？红颜已逝，谁说得清楚呢？

## 林家有女初长成

　　心静则国土静，心动则万象动，若能懂得随遇而安，任何的迁徙都不会成为困扰，更不至于改变生活的初衷。每个人都于漫漫人生路努力找寻着适合自己的方向，不至于太过曲折，不至于在拐弯处过于彷徨。

　　不管童年的天真遗失了多少，时间的沙漏仍然静静地渗着，蔡官巷和西湖渐行渐远。林徽因懵懵懂懂地撞进了她的少女时代。十六岁的青春，将在伦敦的轻雾中绽放。

　　即便当得起风华绝代，林徽因也一定不会满足于小情小梦，守着一世清净了却此生。许多年前她就与江南告别，从此接受了迁徙的命运。这种迁徙并不仅仅是颠沛流离，而是顺应时代，是自我放逐。本是追梦的年龄，又怎可过于安静，枉自蹉跎时光。

## 父女和知己

他是林徽因生命中最重要的男人。

林徽因与父亲林长民。

她是他血脉的延续，期望的寄托。他对她的爱是那样复杂，甚至又那样沉重。

她是那个畸形的家庭中唯一能与他交流的人，不经意的，他把不应该让她背负的沉重交予了她。

她一生的繁华和努力隐藏的酸楚，都与这个男人息息相关。

虽然林长民在家的时间极少，但他仍不失为一个好父亲。他心性开朗，特别喜欢跟孩子们在一块儿。在他这里，孩子们不分前院后院，前院的丫头小子，后院的两个丫头，都是他最爱的心肝宝贝。莫说是自家孩子，就是姑妈家的表姐表弟们，也少不了这位舅舅的宠爱。大姑姑对待徽因两姐妹，也同对待自己的孩子无异。

林徽因长到 10 岁时，祖父也去世了。父亲常年在外，大太太什么都放手不管，二太太弱不禁风。和老爷书信往来，伺候两位太太，照顾年纪尚幼的弟妹，甚至打点搬家的行装，家中大事小事，竟然都是这个十一二岁的大小姐自己承担。俗话说，穷人的孩子早当家，出身名门的徽因，也早早地当起家来了。

林长民爱那一大群孩子，但最爱的还是长女林徽因。

林徽因早早被启蒙读书，天资聪敏，6岁就能识文断字，开始为祖父代笔给林长民写家书。林家保存了一批林长民的回信，最早的那一封是徽因七岁时写的：

徽儿：

知悉得汝两信，我心甚喜。儿读书进益，又驯良，知道理，我尤爱汝。闻娘娘往嘉兴，现已归否？趾趾闻甚可爱，尚有闹癖（脾）气否？望告我。祖父日来安好否？汝要好好讨老人欢喜。兹奇甜真酥糕一筒赏汝。我本期不及作长书，汝可禀告祖父母，我都安好。

父长民三月廿日。

林长民特别喜欢这个长女，不但因为她天资聪慧，还在于她早早就领会了这个大家庭的人情世故。父亲眼里的林徽因"驯良""知道理"，这当然让他高兴，喜欢。从成年人的的角度讲，家里有这样一个孩子实在是很好的。可是，对于只有七八岁的小女孩来说，这样的重视和赞美，是否有些残酷呢？原本应该和玩伴们肆无忌惮地争抢糖果玩具的年龄，由于成人有意无意的施压，必须要学会察言观色，努力用成年人的眼光看世界，甚至处理大人们之间的纷争。林徽因就在这样一个有点畸形的家庭环境中匆匆地成长着。就好像北方的植物一样，生怕错过短暂奢侈的温暖，一个劲地生长，让枝叶最大限度地靠近冰冷的阳光。

长辈眼中，她是林家的长孙女，天资过人，温良有礼；和孩子们在一起，她嬉笑打闹，无伤大雅地争抢零食和玩具。到底哪一个才是真实的林徽因呢？大人们选择忽略这个问题，他们只要一个讨人喜欢，明事理的林徽因就可以了。林长民有时甚至忘了她只是一个小女孩，书信往来之中对她吐露心声，把她当成了同辈的伙伴、知己。

本日寄一书当已到。我终日在家理医药，亦籍此偷闲也。天下事，玄黄未定，我又何去何从？念汝读书正是及时。蹉跎误了，亦爹爹之过。二娘病好，我当到津一作计□。春深风候正暖，庭花丁香开过，牡丹本亦有两三葩向人作态，惜儿未来耳。葛雷武女儿前在六国饭店与汝见后时时念汝，昨归国我饯其父母，对我依依，为汝留□，并以相告家事。儿当学理，勿尽作孩子气，千万□□。

徽儿　桂室老人五月五日

对长女寄托殷殷厚望的家人们就这样不经意地拿走了林徽因的童年和天真。这个没有真正意义上的童年时光的女孩子果然谨遵父训，一生都把澎湃的感情压制于庄重的理智之下。这是林徽因和同时代女性的最大的区别。

林长民对林徽因的爱是复杂的。林徽因把家务事打理得井井有条，心无芥蒂地爱护着异母的弟妹，对二娘尊重有加，固然让离家在外的林长民欣慰。但从另一方面理解这份父女之情，林徽因的文化修养也占了重要的部分。

林长民是一个文人，但不幸的是他的妻妾都是文盲。他和她们身处两个世界，他的满腹才情和济事救国的抱负对她们来说如同天书。林长民的内心是寂寥的，无人应和，他必须努力用最浅白的语言和妻妾交流，以免她们听不懂。只有这个从小跟随祖父母和大姑学习的长女能懂得他，可以用文人的语言与他对话交流。不知不觉中，林徽因成了林长民在这个半旧半新的家庭中的唯一的同类、知己。

林长民曾感叹："做一个有天分的女儿的父亲，不是容易享的福，你得放低你天伦的辈分，先求做到友谊的了解。"

林长民对林徽因的影响如此的大，他是她生命中最重要的男人。他"清奇的相貌""清奇的谈吐"（徐志摩语）在林徽因的身上传承下来。父女双方都对彼此怀有复杂的情感，这样的情感对林徽因来说甚至成了一块石头。父亲的冷漠让母亲成了妾，她怨他——看《我们太太的客厅》，就知道林徽因一直在意着母亲妾的身份；刚刚懂事的时候，她留恋父亲给予的片刻温暖，再大一点，又开始同情父亲的寂寥。

一个过于理智的人，反而会在爱恨之间挣扎不断。毫无疑问的爱，却无法爱到忘记缺点，不能爱得忘我；那被恨占据了的爱，更没有让人心安的纯粹。成人后的林徽因在爱情和婚姻中也是这样理智着，清醒着。被有些人评论为"只爱自己""自私"。

## 栀子花开

这个秀美灵慧的女孩子离开杭州古城，开始了她一段崭新的人生历程。她带走了江南水乡的灵秀，带走了小巷里栀子花的清雅，还有西湖水面的一缕薄烟。小小年纪的她，还不懂相忘于江湖，不懂迁徙意味着时光的诀别。这时候她还未到风华绝代的年龄，但已经能够好好打理自己的青春韶华。有那么一天，她的风采将倾倒这座皇城。

林徽因9岁，父亲林长民居北京，全家则从杭州迁居上海，住在虹口区金益里，林徽因和表姐妹们一同进入虹口爱国小学读二年级。后来，徽因12岁上，全家又从临时落脚的天津迁往京城与林长民团聚。林徽因进入著名的北京培华女子中学上学，表姐妹们也与她一同入读了教会学校。

林徽因的大部分传记都取"就读培华女子中学"这一观点，并说这是当时的顶级名校。该校由英国教会创办，是一所教风严谨的贵族学校，培养出的学生皆具上流社会的气度风采。但有人考证，现今已寻不到培华女校的记载，林徽因就读的可能是"培根女校"，培华是培根的笔误、遂以讹传讹下来。

不过，这所学校是外国人创办的教会中学这点可以确证无疑。

1916年的某一天，开学不久，徽因和一同入读的表姐妹们穿着校服拍了一张合影。照片上姐妹四人出落得亭亭玉立，气质不凡，尤徽因更甚。她已经不是四年前那个和姐妹们嬉笑打闹的小女孩子了，这几年无论是世事还是家中都发生了大的变化。曾经在徽因姐姐膝下撒娇的小妹麟趾已安睡在另一个世界。家也不再是和母亲两个人的家，而是需要和更多的人分享。林徽因秀丽的双眼蒙上了一层抹不去的忧郁。

从氤氲的江南水乡来到这座尊贵的皇城，初晓人事的林徽因感到一种与历史相连的沧桑和沉重。自己仿佛是一粒微小的尘埃，没有人会注意到她的存在。虽然敏感多愁，但也十分坚强，将自己和家都打理得干净漂亮。其实，在林徽因心中，自从祖父母相继离世，家已经变了，不再是往日安宁的归宿，而是一个需要时时小心的战场。在徽因10岁时去世的祖父，感受不到何雪媛和程桂林之间的波涛暗涌，但林徽因夹在中间却体验个明明白白。唯一能让她得到放松休憩的就是读书。这是属于她的世外桃源，在另一个世界里，她可以暂时忘记那些没有硝烟的你争我夺，放下林家长女的身份，只

1916 年林徽因（右一）与表姊妹在培华女子中学学习时合影。

做单纯的林徽因。

1918 年，林长民卸任段祺瑞内阁司法总长，不久之后就与汤化龙、蓝公武去日本游历。林徽因独自在家感到寂寞无趣，还想着给父亲一个惊喜，便翻出家中收藏的诸多字画，一件一件地整理分类，编成收藏目录。待到林长民归来，徽因兴致勃勃地拿给他看，满怀期望能得到嘉许。但林长民仔细阅读后指出了很多纰漏，让徽因情绪低落了好一阵子。她在父亲写给自己的家书上批注道："徽因自信能担任编字画目录，及爹爹归取阅，以为不适用，颇暗惭。"

林徽因就像一株新鲜的栀子花，给这座高贵沧桑的北方城市增添了诗意与柔情。栀子花清雅的香气徐徐飘散着，美丽着而不自知。有些人的美丽与生俱来，有些则要经历时光的沉淀方能绽放，林徽因是前者。高贵清白的出身，眉目如画的容颜，满腹诗书的才情，这样的林徽因注定有一个不平凡的人生开端。很快她就要漂洋过海，接受更绝美的绽放。

# 欧洲之旅

在那个诞生无数传奇的年代，漂洋过海是一种时尚。大家闺秀的林徽因自是顺应了这潮流，任何的执拗都无法改变初衷。当乘上远航的船，面对烟波浩渺的苍茫大海，她头一次深刻地明白，自己不过是一朵微弱的浪花。

倘若没有那次漂洋过海，大约林徽因的生命轨迹会走向另一个方向。但无论怎样，以她的聪慧都能把握得很好。任何时候，任何境况，她都不至于让自己过于狼狈。

那时的她还未想过风云不尽，她还是个少女，只想在自己的空间里筑梦。

那是世界上最多情的蓝。

夹杂着全部光谱颜色的浪花，热烈地拥抱着布莱顿海湾。仿佛是分割了彩虹，独取那道靛青作为海的底色，即锋利又温暖，碰一下就能撞出脆响的颜色，没有人能说清那到底是一种怎么样的蓝。

16 岁的林徽因注视着这片海。

和祖父祖母一样，林长民对长女徽因寄予了厚望。他也理解这个时时令人窒息的家庭对徽因来说意味着什么。虽然女儿从未抱怨，但林长民敏锐地察觉到了她的忧郁。林长民觉得有必要让这个孩子解放一下了。

1920 年，林长民将赴欧洲考察西方宪制并在英国讲学，他决定携徽因同往。这次远行主要的目的是增长见识，接受更先进的教育和文化熏陶，其次是避开让人身心俱疲的琐碎家庭纷争。林徽因跟着父亲旅居国外一年半，这正是中国最传统的教育方式之———游学。

我此次远游携汝同行。第一要汝多观察诸国事物增长见识。第二要汝近我身边能领悟我的胸次怀抱。第三要汝暂时离去家庭烦琐生活，俾得扩大眼光，养成将来改良社会的见解与能力。（1920 年林长民致林徽因家书）

那时候漂洋过海也是一种时尚。1920 年 4 月，林徽因跟着父亲登上法国 Pauliecat 邮轮，从上海出发前往欧洲。这一次远行让林徽因踏上了人生的新旅程，也意味着告别青涩的少女时代。她将看到一番新事物、新景致、新思想，对一个即将成长成熟的女孩子来说，这新奇将带给她鲜活、神奇的美丽。

虽然生于江南水乡，但海天一色、碧波万顷的风光仍然带给林徽因雀跃的欣喜。海鸥舒展双翼在船头盘旋着鸣叫，带着海水腥味的风吹起少女的长发和纱巾，朝阳落日把碧空烧出血来，又泼洒在海面，那是大自然铺展开的最壮美的油画。

林徽因在旅途中看到了一个与往日不同的年轻的、充满生气的父亲。父亲在家中时，虽然温文尔雅，对孩子们关爱有加，但总给徽因一种无法排遣的寂寥之感。

而此时的林长民，却是如此满怀激情，热情善辩。"五四"纪念日，船上赴法国勤工俭学的 100 多名中国留学生举行"五四运动纪念

人间四月天的刹那芳华 林徽因 传

会"，林长民登台发表了慷慨激昂的演说：

"吾人赴外国，复宜切实考察。若预料中国将来必害与欧洲同样之病，与其毒深然后暴发，不如种痘，促其早日发现，以便医治。鄙人亦愿前往欧洲，以从诸君之后，改造中国。"（见《时事新报》6月14日刊载的通讯《赴法船中之五四纪念会》）

清晨的第一缕阳光冲破了乌云，宛如流水从绝壁上飞跃而下，溅起点点金色，将林长民笼罩于一圈光晕之中。林徽因注视着意气风发的父亲，倾听着她从未听过的掷地有声的语言，懵懵懂懂之间，她好像明白了父亲的期望，一股无可名状的勇气和热情，也仿佛要冲破年轻的心房了。

1920年5月7日，经过一个多月的航行，Pauliecat邮轮平安抵达法国。那时欧洲的各学校正是暑假，于是林长民决定先带着女儿漫游欧洲大陆。

林徽因跟随着父亲游历巴黎、日内瓦、罗马、法兰克福、柏林等地。她见识了巴黎浪漫优雅的风情，领略过显赫一时的古罗马帝国的庄严华美，她被异国那些从未想象过的美丽征服了。

父女二人的第一站是日内瓦湖。

这是一个无法划分国籍的湖。它地处阿尔卑斯山区，在瑞士占地 140 平方英里，另有 84 平方英里在法国境内。湖面海拔 375 米，平均水深 150 米，最深处可达 310 米。湖水流向从东往西，形状略似新月，法国便与月缺部分衔接。湖水呈湛蓝，清澈又神秘的气质倾倒了众多艺术名流。亨利詹姆斯称之为"出奇的蓝色的湖"；在拜伦笔下它是一面晶莹的镜子，"有着沉思所需的养料和空气"；对于巴尔扎克来说，它是"爱情的同义词"。

林徽因看着在湖面戏水的天鹅，在湖畔徜徉的白鸽，著名的人工喷泉在阳光的照射下浮现出若隐若现的彩虹，从未体验过酒香的女孩醉了，沉思了。某个瞬间，她好像身处小时候在故事里才能看到的仙境。

终生纷繁，有人过得迷糊，有人生得清醒。有人一生寻找，怅然若失着，有人早早认定今生挚爱，永不放手。

世界如此之大，能与挚爱相逢已是不易，有缘相处更是极其珍

贵，所以我们都应当懂得珍惜。纵然如此，一路行来，还是太容易与缘分擦肩而过，所拥有的也渐次失去。并非由于不懂珍重，只是缘分的长短大抵已被注定，玩不住的终究是刹那芳华。

所谓诗酒趁年华，青春不挥霍也会过去，何必将自己持久地困于笼中？世间百态必要亲自品尝，世间美景也必要亲身置于其中，方能领略生命之珍贵。而漫漫长路，唯有亲自丈量，才能知晓它的长度与距离。

每个人从拥有这份生命开始，若可扬帆天涯，万万无需回避。一旦融入茫茫沧海，亦无需渴求回头。

1920 年 9 月，林长民带着林徽因抵达伦敦。他们先暂时入住 Rortland，后来在伦敦西区阿尔比恩门 27 号安顿下来。林徽因入读 St. Mary's College。

虽然林徽因在国内已经接受了英文教育，但一下子置身于全英文的陌生环境，还是有些不适应。尤其是当父亲去欧洲大陆开会时，十六七岁的少女不得不独自度过，想法子打发从早到晚的孤单。也就是在这段日子里，林徽因阅读了大量书籍，名家的小说、诗歌、戏剧她都一一涉猎。

在伦敦时，林徽因也经常以女主人的角色加入父亲的各种应酬，由此与众多文化名流都有过接触。这对她后来的文学创作奠定了深厚基础。她有过游学经历，又得著名学者点拨，因此她在文坛上的起步高于同时代许多女作家。

## 与建筑结缘

布莱顿海湾的沙滩是柔软的金色地毯，一把细沙过手，掌上便灿然闪烁着无数金色的星星。卖海鲜的小贩都是些十来岁的孩子，篮子里放着煮成金红色的蟹和淡紫色的小龙虾。他们苏格兰民歌一样的叫卖声穿梭在遮阳伞之间。不远处，拖着修长影子的华美建筑是皮尔皇宫。这座阁楼式的皇宫建于大帝国摄政时期，神秘的东方韵味使其成为这座小城最豪华、最漂亮的海外休闲别墅。

林徽因跟着柏列特医生一家来到布莱顿度暑假。

布莱顿是英国南部的一座小城，面朝英吉利海峡，北距伦敦约80公里。早在11世纪，这里就是一个航运发达、鱼市兴盛的地方。如今布莱顿已经成了一处绝好的度假胜地，据说这里的海水有治疗百病的神奇功效。差不多每家观光旅馆都竖着一块"天然水，海水浴"的招牌来招揽生意。

头发花白的柏列特医生站在浅水处，一边往身上撩着水，一边招呼着女儿们下水。他是林长民的老友，50多岁，个性幽默亲切。他有五个女儿：吉蒂、黛丝、苏珊、苏娜、斯泰西。吉蒂20岁；苏珊和苏娜是一对双生子，面貌几乎一模一样；黛丝和林徽因同龄，最小的妹妹斯泰西还是个小学生。五个亭亭玉立的花样女孩加上东方美人林徽因，立刻吸引了众多游人的注目。

吉蒂和柏列特医生很快游到远处的深水区去了。黛丝留在浅水区教林徽因游泳，一边照应着三个妹妹。黛丝给徽因做着示范动作，徽因伏在橡皮圈上按照黛丝的指点划着水。黛丝一边纠正动作一边鼓励她："别怕，菲利斯，这海水浮力很大，不会沉下去的。"

跟父亲游学时的林徽因，1920 年拍于英国。

菲利斯是林徽因在英国的教名，柏列特的女儿们都这么称呼她。

小妹妹斯泰西用沙子堆起一座城堡，快完成的时候，一下子又塌了下来，她又努力了一次，仍然失败。"来！工程师，帮帮忙。"她冲躺在遮阳伞下休息的黛丝喊道。

黛丝很快就给妹妹建起一座漂亮精致的沙子城堡。林徽因问："为什么叫你工程师？"

黛丝说："我对建筑感兴趣，将来是要做工程师的。看到你身后那座王宫了吗？那是中国风格的建筑，明天我要去画素描，你可以跟我一起去吗？顺便也给我讲讲中国的建筑。"

"你说的是盖房子吗？"林徽因问。

"不，建筑和盖房子不完全是一回事。"黛丝说，"建筑是一门艺术，就像诗歌和绘画一样，它有自己独特的语言，这是大师们才能掌握的。"

林徽因的心弦被拨动了，这是她有生以来第一次听到这样的事。

第二天，黛丝就领着林徽因去皮尔皇宫画素描。这座建筑的设计完全是东方阁楼式的，大门口挂着两个极富中国风情的八角灯笼，里面的飞檐、梁柱、窗棂都是中国式的，让林徽因想起杭州的老宅，异常亲切。黛丝如获至宝，兴致勃勃地到处参观着，不停地写写画画，一天很快就过去了。

一星期后，林徽因收到林长民的来信：

得汝来信，未即复。汝行后，我无甚事，亦不甚闲，匆匆过了一个星期，今日起整理归装。"波罗加"船展期至 10 月 14 日始行。如是则发行李亦可少缓。汝如觉得海滨快意，可待至九月七八日，与柏列特家人同归。此间租屋，14 日期满，行李能于 12、13 日发出为便，想汝归来后结束余件当无不及也。9 月 14 日以后，汝可住柏列特家，此意先与说及，我何适，尚未定，但欲一身轻快随便游行了，用费亦可较省。老斐理普尚未来，我亦不欲多劳动他。此间余务有其女帮助足矣。但为远归留别，姑俟临去时，图一晤，已嘱他不必急来，其女九月梢入越剧训练处，汝更少伴，故尤以住柏家为宜，我即他住。将届开船时，还是到伦敦与汝一路赴法，一切较便。但手边行李较之寻常行李不免稍多，姑到临时再图部署。盼汝涉泳日谙，心身俱适。

8 月 24 日父手书。

获准继续住在柏列特家，正是林徽因求之不得的，因为她已经被"建筑师"黛丝迷住了。黛丝领着林徽因走遍布莱顿的大街小巷，一座桥、一条路、一栋房子、一根柱子、一扇窗，在黛丝的讲解下，忽然都像变戏法似的，变了另外一副令人着迷的样子。林徽因从未知道，这些习以为常的建筑竟然还蕴藏着这么多的魅力。

林徽因领悟能力过人，她独特的审美也让黛丝称赞不已，她惊异于这个东方少女的聪慧："菲利斯，你对建筑很有感觉，你在审美方面有不可思议的灵感，你一定很适合当一个建筑师！"

"是吗？可是，我就要回中国去了，未来会怎么样——还不知道呢！"归期将至，未来会以什么面目迎接这个初长成的女孩子呢？林徽因感到一丝迷茫。

海风一下一下地推着浪花，把它们推到少女的脚边，片刻后又退下去，仿佛也洞悉了这一颗不安的年轻的心。

几天后，林徽因又接到了林长民于8月31日写的信，催她提前回去，因为他已经安排好女儿9月6日参观泰晤士报馆，所以希望她5日赶回去。不管有多么不舍，离别已经近在咫尺了。

1921年10月4日，泰晤士河出海口被清晨的阳光涂成了猩红色，海面如同一块玛瑙静静地在前方闪耀着华贵的光泽。雾气渐散，汽笛悠然拉响，"波罗加"号就要起航了。地中海的信天翁展开细长的双翼从船舷旁掠过，海风吹拂着一面面彩旗，如同船舷上的女客挥舞着纱巾。

林徽因和父亲站在甲板上。她着一袭湖绿色连衣裙，亭亭而立，清新又娇艳，在一群金发碧眼的男女中格外引人注目。她磁白的面容上有一朵淡淡的红晕，一双清澈的眼睛带着忧郁和不舍，注视着送行的人群中另一双饱含深情的眼睛。

那双眼睛的主人叫徐志摩。

## 爱是天时地利的迷信

徐志摩说："我这一辈子只那一春，说也可怜，算是不曾虚度。就只那一春，我的生活是自然的，是真愉快的。"

林徽因大抵是不能苟同的，如若她亦像陆小曼一样，是个爱情至上者，就没有后来梁思成和金岳霖的故事。

那时年少，因为她一句话，他把建筑作为一生的事业。他娶了她，却没得多少安稳，在贫病交加中过了许多年。他是梁思成，中国著名的建筑学家，因车祸落下终身病患，第一部中国人的建筑史，是他用玻璃瓶垫着下巴支撑着身体完成的。

1931 年，在新月派诗人徐志摩的引荐下，他见了她，从此一眼万年，他追随她几十年，不告白，终身不娶，她去世时，他写的挽联被传诵至今。他是金岳霖，哲学家，将逻辑学引进中国的第一人。

## 你我相逢在黑夜的海上

每每提起感情，或者谁又与谁相遇，谁又与谁相恋，总会与缘分纠缠不清。有缘之人，无论相隔千山万水，终会聚在一起，携手红尘。无缘之人，纵使近在咫尺，也恍如陌路，无份相牵。

1920年，林徽因在伦敦。

也只有康桥才能配得上那倾城之恋。

康河的雨雾，从来无须约定，就这样不期而至。异国的一场偶遇，让他们仿佛找到了相同的自我。沉静的心不再沉静，从容的姿态亦不再从容。

只是人本多情，多情才无情，所有结果亦只能独自承担。他遇上她，无论是缘是债，是苦是甜，都得学会尝试，学会开始，学会终结。

这个只有几十户人家的小镇沙士顿，正处在一年中最生动的季节。妖艳的罂粟三朵两朵摇曳在青草黄花之间，苹果已经红了半边脸庞。高高低低的农舍被栗树的浓荫遮盖着。由于年代久远，农舍的墙壁呈现出斑驳的灰色。

这里的一切都有着中世纪英格兰最具古典意味的情调。

人间四月天的刹那芳华 · 林徽因 传

靠近村边的一间农舍的篱笆门打开了，一个穿着长衫，戴着眼镜的高瘦的中国青年推着自行车走出来。他眉清目秀的妻子同样年轻，站在门口目送着他推着自行车消失在通向剑桥的小路的尽头。她脸上的表情似乎有一些忧郁，不太符合她这个年纪，

但是青年看起来心情颇好，路过镇子上的理发店他停了下来，他不是去剪头发，这间理发店兼作邮亭，门口挂着一个简陋的造型古怪的邮箱。肩负信使职责的是个五短身材，留着大胡子的男人，名字叫约瑟，喜欢喝酒，随身的酒壶里永远装着土酿威士忌。他身背一个羊皮邮袋，每天在镇子上巡视三次，投送收取沙士顿的来往信件。这个爱唱英格兰民歌，爱喝酒的大胡子是沙士顿欢乐和悲伤的使者。

中国青年差不多一两天寄一次信，同样隔个一两天就又来取信了。和他通信的人住在并不远的剑桥，是个 17 岁的中国少女。

青年把一封信交到约瑟手中。约瑟的脸上漾出难得一见的笑容，用力拍着他的肩膀，称赞着他年轻的妻子。

中国青年装在信封里的信就像他此时的心迹一样，忧郁、热烈：

——如果有一天我获得了你的爱，那么我飘零的生命就有了归宿，只有爱才可以让我匆匆行进的脚步停下，让我在你的身边停留一小会儿吧，你知道忧伤正像锯子锯着我的灵魂……

如果没有那一次登门拜访，就不会有今日这份甜蜜又痛苦的思念和挣扎了吧？

1920 年 9 月 24 日，这个 24 岁的中国青年跟着在伦敦大学政治

经济学院留学的江苏籍学生陈通伯来到阿尔比恩门 27 号，接待他们的是个相貌清俊、气度不凡的中年男人。陈通伯向这个男人引荐中国青年："这位叫徐志摩，浙江海宁人，在经济学院师从赖世基读博士学位，敬重先生，慕名拜访。"

阿尔比恩门 27 号的主人林长民是被派到欧洲"国际联盟中国协会"任理事，并对各国政治动向进行考察的。实质上已经远离了国内的实权派，可谓官场失意。但文人本质的林长民也乐得摆脱政坛困扰，回归本色，吟诗作对，泼墨书画，更兼呼朋伴友，结交青年学子，倒也过得潇洒愉快。

恰好林长民曾在海宁度过童年，和徐志摩也算老乡了。异乡相逢，又都是性情中人，两人一见如故，经常促膝长谈，很快就成了无话不谈的忘年交。

徐志摩就是在这里邂逅了林长民的千金，是年 16 岁的林徽因。徽因第一次见到高高瘦瘦，戴着一副玳瑁眼镜的徐志摩，差点脱口而出喊他叔叔。虽然只比徽因长 8 岁，但他已经是个 3 岁孩子的父亲，看起来老成不少。

每天下午 4 点，是林家的下午茶时间。这是典型的英国式的生活方式，也是林家祖上的习俗。英国人对茶的喜爱有 300 多年的历史了，茶的英文即其故乡福建方言的发音。林家的下午茶完全是英式的，但所用茶壶是传统的中国帽筒式，用来保温的棉套做成穿长裙的少女的样式。

林长民聚会的时候，林徽因就给客人泡茶，准备甜点，陪客人

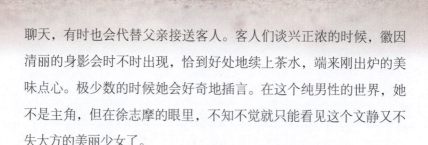

聊天，有时也会代替父亲接送客人。客人们谈兴正浓的时候，徽因清丽的身影会时不时出现，恰到好处地续上茶水，端来刚出炉的美味点心。极少数的时候她会好奇地插言。在这个纯男性的世界，她不是主角，但在徐志摩的眼里，不知不觉就只能看见这个文静又不失大方的美丽少女了。

　　到底是她纯真率性的谈吐吸引了徐志摩，还是她的翦水双瞳中暗藏的忧郁和寂寞叩开了年轻诗人的心门呢？徐志摩相信没有人比自己更懂得忧郁的滋味。

　　徐志摩是海宁富商徐申如唯一的儿子，但他并非一个游手好闲的公子哥。他在求学之路上不曾懈怠。他在麻省的克拉克大学读过历史，在哥伦比亚大学读过经济。为了追随偶像罗素，远渡重洋来到伦敦，不想罗素已经离开。学习金融是父亲的期望，但他不确定那是否就是自己真实的心意。已经是个3岁孩子的父亲，却没有经历过真正的恋爱。张幼仪嫁给他的时候和林徽因同岁，张家也是江苏宝山的名门，他们的婚姻是张幼仪二哥、中央银行总裁张嘉璈撮合的，但他不爱她。尽管张幼仪端庄贤惠，但他们之间没有爱情。他不快乐，一天一天地熬着日子。

　　直到见到林徽因。

他遇见她，爱上她，好像如梦初醒一般，明白了谁才是与他相配的那个人。他们有太多共同语言，而不是跟张幼仪那样相对无言。他谈自己的求学经历，政治理想；他们讨论着济慈、雪莱、拜伦和狄更斯，丝毫不觉得时间飞逝。时间于他们，或者说于他来说是静止的。他期望时间静止，这样就能待在她身边不离开了。

那些日子，伦敦的雨雾好似特别在为徐志摩和林徽因营造一种浪漫的气氛，若有若无地飘散着，笼罩其间的剑桥仿佛少女湿漉漉的眼睛，看不真切却无限动人。这对年轻人漫步在康河畔，听着教堂里飘出的晚祷的钟声，悠远而苍凉。三三两两的金发白裙的少女用长篙撑着小船从叹息桥的桥洞下穿过，青春的笑声撞开了雾和月光的帷幕。

"我很想像那些英国姑娘一样，用长篙撑起木船，穿过一座座

徐志摩（中）热烈地追求林徽因（左），不惜抛弃妻子张幼仪（右），最终坚定地与原配离了婚。但林徽因理智地选择了拒绝，因为那份违背伦理道德的爱，她实在是承受不起。

桥洞,可惜我试过几次,那些篙在我手里不听摆布,不是原地打转,就是没头没脑往桥上撞。"徐志摩说。

他们走上王家学院的"数学家桥"时,徐志摩又说道:"这座桥没有一颗钉子,1902年,有一些物理学家出于好奇,把桥拆下来研究,最后无法复原,只好用钉子才重新组装起来。每一种美都有它固有的建构,不可随意拆卸,人生就不同,你可以更动任何一个链条,那么,全部的生活也就因此改变了。"

这话应和了徐志摩自己的人生。他更动了人生中最重要的链条,使三个人的人生发生了巨变。他把那封信投入了沙士顿唯一的邮筒,就像交付自己唯一的一颗真心。

终于有一天,张幼仪从邮差约瑟那里接到一封信,她无意中拆开,没读完便觉天旋地转。那是林家大小姐的亲笔信。

时至今日,那封信的内容已经无从知晓,有人说是这么写的:我不是那种滥用感情的女子,你若真的能够爱我,就不能给我一个尴尬的位置,你必须在我和张幼仪之间做出选择……

直到最后,张幼仪仍然是那个温顺的张幼仪,她没有和变心的丈夫吵闹,怀着他们的第二个孩子,她孑然一身去柏林留学。幼仪离开的那天,沙士顿田野上开满了太阳花,金色的火焰却温暖不了她冰冷的心。善良的大胡子约瑟,从远方唱出一首歌伴她上路。她的眼中噙着泪水,离开了这个给过她温暖和痛楚的小镇。

真的令人难以想象,在妻子怀有身孕的时候,徐志摩能弃她而去,和她离婚。有人说,你守得住一个负心汉,却守不住一个痴情郎。徐志摩到底是专情还是无情呢？别说什么要听从自己的心，听从自己的心，就要伤了别人的心。远在异国的张幼仪已经开始了新生活，她不恨他，可是她结了茧的心，再也抽不出丝了。

那么对于女儿和有妇之夫的交往，林长民的态度如何呢？实际上林长民也是个潇洒开明的人，他欣赏徐志摩的浪漫诗情，认为女儿可以与他恋爱，但需要适可而止，且不可论及婚嫁。因为徐志摩已有妻儿，况且他已与好友梁启超有口头之约，将来要把女儿许配给梁家的大公子。

年少的林徽因夹在这样两个男人中间，何去何从？也许她无意破坏徐志摩和张幼仪的婚姻，也许就像林长民给徐志摩的信中说的"徽亦惶恐不知何以为答"。不管怎么说，徐、林二人最终走向了不同的方向。他们交会时互放的光芒耀眼而又短暂，仿佛是流星刹那划过天际。从林徽因跟随父亲回国的那一天起，她就已经背他而行了。在徐志摩余下的生命中，林徽因成了他的挚友、知己。这位一生都在追求自由和真爱的诗人曾说："我将于茫茫人海中访我唯一的灵魂伴侣，得之，我幸；不得，我命，如此而已。"

# 执子之手

　　1918 年，林徽因 14 岁，在教会女校读中学，日子过得平静如水。

　　有一天，一个叫梁思成的少年到林家拜访。他戴着眼镜，有着坚毅的眼睛和端正的面孔，只是神态有些局促不安，这让林家大小姐觉得很有趣。之前父亲林长民告诉过她，这个少年是他的好朋友，大名鼎鼎的维新派领军人物梁启超的长子。林徽因就像接待其他的来客那样礼貌而周全地招待了他。

学生时代的林徽因。

　　梁思成走后，二娘程桂林对徽因打趣道："宝宝，这个梁公子怎么样？你爹打算招他当女婿呢。"徽因立刻羞红了脸，低头跑开了。

　　二娘不会无缘无故说这句话的。林长民和她亲近，必然跟她提起过什么。可是从那以后，父亲好像忘了那个面目端正的少年来拜访的事儿，梁思成也就此从林徽因的生命中淡出了。

　　三年之后，已经是个花季少女的林徽因才重遇梁思成。

　　1921 年 10 月 14 日，结束了一年多的欧洲游学，林徽因和父亲乘坐"波罗加"号邮轮从伦敦转道法国，踏上归国的旅程。林徽因又得和父亲分开生活了，父亲留在上海，她回到北京的教会女中继续上学。梁启超派人来接林徽因，然后，梁思成出现了，他是专门来拜访林徽因的。

梁思成是年20岁，在清华学校（今天的清华大学）上学，美术、音乐、政治都是他的追求。他在学校广受欢迎，颇有名气。小小年纪便有丰富阅历的林徽因和他相谈甚欢，不知不觉竟然已经过去了好几个时辰。

他们谈起各自的理想，梁思成笑言："我啊，跟父亲一样，样样都爱，样样都不精，也许，我以后会和他一样，从政？"

林徽因并不以为然："从政需要磨炼，也需要天赋，古往今来，把政治之路走得顺风顺水的不多，即使我的父亲，也许还有尊驾——不好意思，唐突了，不过这不是我操心的，我感兴趣的是建筑。"

梁思成感到惊讶："建筑？你是说，盖房子？女孩子家怎么做这个呢？"

"不仅仅是盖房子，准确地说，是archite-cture，叫建筑学或者建筑艺术吧，那是集艺术和工程于一体的一门学科。"林徽因对他解释道。

回到家，梁思成告诉父亲梁启超两件事：第一，他要把建筑作为终生的事业和追求；第二，他想要约会林家大小姐。

梁思成女儿梁再冰在《回忆我的父亲》中讲述了她的父亲母亲第一次见面的情景：

　　父亲大约 17 岁时，有一天，祖父要父亲到他的老朋友家里去见见他的女儿林徽因（当时名林徽音）。父亲明白祖父的用意，虽然他还很年轻，并不急于谈恋爱，但他仍从南长街的梁家来到景山附近的林家。在"林叔"的书房里，父亲暗自猜想，按照当时的时尚，这位林大小姐的打扮大概是：绸缎裤衫，梳一条油光光的大辫子。不知怎的，他感到有些不自在。

　　门开了，年仅 14 岁的林徽因走进房来。父亲看到的是一个亭亭玉立却仍带稚气的小姑娘，梳两条小辫，双眼清亮有神采，五官精致有雕琢之美，左颊有笑靥；浅色半袖短衫罩在长仅及膝下的黑色绸裙上；她翩然转身告辞时，飘逸如一个小仙子，给父亲留下了极深刻的印象。

　　从梁再冰的记述可以看出来，林徽因与梁思成身边的女孩子都不一样，正是这份特别的清新气质吸引了他。

　　梁启超很高兴，对儿子说："徽因这孩子不错，爸爸早就支持你们交往，其他的，就要随缘分了。"

　　梁启超最想看到的就是这样的情况：父母留意，选定人选，然后创造适当的机会让两人接触，经过充分地了解，自由恋爱后的结合是最好的，这是这位维新派大人物心目中的"理想的婚姻制度"。

梁家的大小姐梁思顺就是父亲"理想的婚姻制度"的实践者。梁启超选定的得意女婿周希哲，原本出身寒微，但后来成为驻菲律宾和加拿大使馆总领事，对梁思顺和梁家都很好，这是梁启超一直引以为傲的。

林徽因没有拒绝梁思成的追求，他们时常选在环境优美的北海公园游玩约会，一起逛太庙，也会去清华学堂看梁思成参加的音乐演出。虽然梁思成比起徐志摩少了些浪漫温柔，但多了一份踏实稳重，又是个风度翩翩的青年才俊。而且梁思成和林徽因年龄相仿，感兴趣的话题相近。更重要的是，和梁思成在一起，林徽因才真正恢复了与年纪相符的轻松，而不是那种混合着负罪感和忧愁的沉重。

事情进展颇顺。这对金童玉女相处愉快，彼此好感渐长。其实早在 1923 年 1 月 7 日，梁启超就在给思顺的家书提起梁、林两家联姻的事宜了：

思成和徽因已有成言（我告思成和徽因须彼此学成之后乃订婚约，婚约定后不久便结婚）。林家欲即行订婚，朋友中也多说该如此，你的意见呢？

1925年梁启超、林徽因（右一）和梁启超的三女儿梁思庄同游长城。梁启超慧眼识人，对林徽因非常喜爱。

人间四月天的刹那芳华 林徽因 传

梁启超不急于让两个孩子订婚当然不是他对未来的儿媳妇不满意。他延缓婚期大概是出于多方面的考虑：一是学业的问题。梁思成是他一直寄予厚望的长子，不想他沉溺于儿女情长误了前途；二是梁太太李惠仙。李惠仙思想传统，看不惯留洋归来的林徽因的新派作风。她对林徽因的偏见甚至影响了居住海外的大女儿梁思顺。再来，梁启超毕竟思想开明，想尽量减少家族对孩子们感情的影响，让他们有足够的时间相互了解、磨合，甚至做出新的选择。只有这个过程够长，婚姻才越稳定。

　　林家是女方，林徽因按现在的话说条件一流，理应矜持一些才对，为何提出即行订婚呢？有人认为这和徐志摩有关。林长民一方面看好梁思成，一方面也希望女儿早日断了对徐志摩的念想。最终双方家长经过商讨，同意了梁启超的提议，暂不订婚。林徽因和梁思成直到 1927 年一起获得宾夕法尼亚大学学士学位才订婚，次年 3 月二人结婚。

　　这对恋人终于结成了伴侣，从此将共度漫漫人生，一切尘埃落定。大概是因为从一开始就知道结局吧，所以没有多少惊喜，一切都很安静。

　　结婚之前，梁思成曾问林徽因："有一句话，我只问这一次，以后都不会再问，为什么是我？"林徽因回答他："答案很长，我得用一生去回答你，准备好听我了吗？"这个答案就像林徽因这个人一样，太特别，太令人深陷了。她果然用一生给出了答案，甚至她留在人世的最后两个字，是她丈夫的名字。

## 你记得也好，最好你忘掉

人总想求得圆满，觉得好茶要配好壶，好花当配好瓶。可世间圆满不易寻，缺憾倒是俯首皆是。殊不知，缺憾也许伤人一时，完美却可能伤人一世。打算在人世间行走，就不要奢求那许多。且当每一条路都是荒径，每一个人都是过客，每一篇记忆都是曾经。

一切都有尘埃落定的一天，你有你的港湾，我有我的归宿。人生原本亦没有相欠，又何来偿还之说？转身天涯，各自安好，那么这风尘的世间就算有烟火蔓延，却不会再有伤害。

再也没有比秋天更适合忧郁这个词的季节了，即使是严冬也没有这份令人心生疲惫的萧瑟。苍蓝的天空愈加高远，连带着仰望它的人的心都变得空落落的。落叶挣扎着不愿离开树梢，最终认命地跌落进泥土，连哭泣都是微弱的。一声寂寥的鸣叫，是落了单的候鸟在呼唤着同伴。没有回音，它焦急地拍动疲惫的双翼，可是旅途那么漫长，方向不辨，何时才能到达目的地呢？

徐志摩仰头看着那孤单的身影消失在天际。他觉得自己就是那候鸟，身心俱疲，带一身的伤痛终于停留下来，未来却更加迷茫。

他现在眼前全是刚刚在林家的书房"雪池斋"看到的福建老诗人陈石遗赠给林长民的诗：

七年不见林宗孟，划去长髯貌瘦劲

入都五旬仅两面，但觉心亲非面敬

小妻两人皆揖我，常服黑色无妆靓

……

长者有女年十八，游学欧洲高志行

君言新会梁氏子，已许为婚但未聘

命运真是不可抗拒的存在。一番挣扎之后，也逃不过既定的结局。

1922年9月，徐志摩乘坐日本商船回国。六个月之前，他写信给在柏林留学的妻子张幼仪，开诚布公地谈了自己对爱情和婚姻的理解：

真生命必自奋斗自求得来，真幸福亦必自奋斗求得来，真恋爱亦必自奋斗自求得来！彼此前途无限，……彼此有改良社会之心，彼此有造福人类之心，其先自做榜样，勇决智断，彼此尊重人格，自由离婚，止绝苦痛，始兆幸福，皆在此矣。

信刚一寄出，他就动身前往柏林。此时张幼仪已经生下第二个儿子彼得。小彼得刚满月，笑容纯真，全然不知父亲就要离开自己。徐志摩请了金岳霖、吴经熊作证人，与张幼仪在离婚协议上签了字。

林徽因、梁思成拍于 1922 年。

走到这一步，徐志摩已经为他的所爱抛下了一切，即使顶着抛弃妻子的罪名也在所不惜。该去的都去了，该来的能如期来吗？

1922 年 10 月 15 日，恢复单身的徐志摩抵达上海。刚刚下船，他的头上就炸响了一个晴天霹雳：林徽因和梁启超的大公子梁思成将结为秦晋之好。他不敢也不愿相信，但是朋友告诉他，梁启超已经写信给长女梁思顺，明明白白地讲了林徽因同梁思成的婚事"已有成言"。

徐志摩呆若木鸡，思维停滞了。他的大脑仿佛正本能地拒绝这个现实：他的心上人就要成为别人的妻子！

耐不住这份煎熬，一个月后，徐志摩硬着头皮坐上了北上的火车，他一定要亲口向林徽因求证。可是他没有在林家见到林徽因，而是看到了那首彻底打碎他抱有最后一丝希望的诗。徐志摩望着那副悬挂在墙上的诗作，觉得自己也像个死刑犯一样被吊起来了。

随即，徐志摩收到了恩师梁启超从上海寄来的一封长信。梁启超一直以为徐志摩和张幼仪彼此再不能相处，所以也没有反对他们离婚。但他却听张君劢（幼仪大哥）说，徐志摩回国后和张幼仪"通信不绝""常常称道她",觉得很奇怪。梁启超给了学生两条忠告:万万不可把自己的快乐建立在弱妻幼子之上;真爱固然神圣,但可遇不可求,不可勉强。信写得情深意切,语重心长。但陷在感情漩涡的徐志摩哪里看得进去,他即刻给梁启超回了一封慷慨陈词的信:

> 我之甘冒世之不韪,竭全力以斗者,非特求免凶惨之苦痛,实求良心之安顿,求人格之确立,求灵魂之救渡耳。……我将于茫茫人海中访我唯一的灵魂伴侣,得之,我幸;不得,我命,如此而已。

徐志摩是真正地为爱而生,自由的爱情是他一生的理想和追求。世俗无法理解,也无法容忍,但这份真心他必须要向恩师剖白。

人总是有隐藏的反骨,世俗越是阻挠,越是激起徐志摩的决心。虽然林徽因正在和梁思成恋爱,并且"已有成言",但不是还没订婚吗?既然如此为何不可以追求呢?徐志摩和林长民仍是好友,梁启超是他的老师,他和梁思成也算是师兄弟,来找林徽因也没什么不妥。

当时,林徽因和梁思成经常在北海公园的快雪堂约会见面。这是一处安静典雅的院落,里面是松坡图书馆的藏书,馆长正是梁启超,持有图书馆钥匙。图书馆星期天不开馆,林徽因和梁思成就在这读书。徐志摩当时在图书馆担任英文干事,和林徽因见面很方便,并且他并不避讳梁思成。次数多了,好脾气的梁思成也忍不下去了,就在门口贴了一张条子,上书"lovers want to be left alone"。徐志摩见了,也只得识趣离开。

和徐志摩分开,回国的林徽因仍然在教会女校读书。她用这段清静的时间好好地考虑了自己的感情和婚姻。她曾多次把徐志摩和梁思成放在天平上称过，论才华诗情，她更倾向于徐志摩，林长民也没有明确地反对过，但两个姑姑坚决不同意。林徽因是名门之后，徐志摩离过婚，嫁给他不就等于填房么？这无疑会辱了林家的名声，林徽因也会被人戳脊梁骨。徽因自己又何尝没有这样的顾虑？她是那么看重自尊，那么骄傲，做"小"这样的事怎么会发生在自己身上！梁思成又待她如此，她也欣赏他的才华。虽然这么做，对不起一往情深的徐志摩，看到他伤心的模样她也一样痛苦。但是她必须做出一个让大家都满意、顾全大局、损失最小的选择。

这就是林徽因。当年她只有 18 岁，却能如此冷静地抉择自己的人生。

一切的转折在 1923 年 5 月 7 日。那是林徽因和梁思成感情史上重要的一天。那天是个阳光灿烂的星期一，大学生上街举行"五七国耻日"（1919 年 5 月 7 日，日本政府向袁世凯提出卖国二十一条）的游行。梁思成带着弟弟梁思永骑着摩托车，从梁家所在的南长街去追赶游行队伍。当他们经过长安街时，一辆大轿车迎面撞上了摩托车。悲剧只在刹那间，摩托车被撞翻，重重地把梁思成压在了下面，梁思永被甩出去老远。坐在轿车里的官员视而不见，命令司机继续前行。梁思永挣扎着爬起来，流了很多血。他发现哥哥不省人事，慌忙赶回家叫人。一个仆人赶到车祸现场背回了梁思成。

被带回家的梁思成眼珠已经不会转了，面无血色，一家人见状大哭小叫。刚从陕西赶回来的梁启超极力稳住心神，差人去开车找医生来。大约一个钟头，一个年轻的外科医生像押俘虏似的被带来了。检查之后断定梁思成右腿骨折，马上送去了协和医院抢救。

梁家两兄弟住在同一间病房，弟弟一个星期就出院了，梁思成得在这里待上八个星期。

得到消息后的林徽因立刻赶到协和医院，梁家上下全挤在病房里。梁启超安慰惊慌的林徽因："思成的伤不要紧，医生说只是左腿骨折，七八个星期就能复原，你不要着急。"

林长民和夫人随后也赶来了。两家从中午守到傍晚，送来的饭菜在桌子上冷了热，热了冷，谁也没有心思动筷子。林徽因呆呆地坐着，梁思成每一声呻吟她都跟着疼。

林徽因从学校请了一个星期的假，在医院照顾梁思成。她寸步不离地守在梁思成的病床前，细心地喂饭喂药。梁思成刚动过手术，身子不能动弹，但精神却一下子好了很多。徽因怕他无聊，就经常拿报纸来给他读上面的新闻。有一回她给梁思成看《晨报》，开玩笑地说："你看，你成明星啦。"原来是他车祸的消息上了头条。

1923年梁思成被汽车撞伤后留影。

梁思成看了一眼，苦笑着说："这我倒不感兴趣，你在这儿陪我，就三生有福了。"

一旁的李惠仙却皱起了眉头。

梁思成身体还很虚弱，动一下都很困难，林徽因就一次次帮他翻身，尽管动作已经尽量轻柔，梁思成还是大汗淋漓。徽因顾不得自己擦汗，便用帕子先给梁思成擦拭额头。每当这时，李夫人就不高兴地把帕子抢过去，弄得徽因也有些尴尬。

　　梁启超却很高兴。他知道夫人对现代女性有成见，就出来打圆场："这本来就是徽因应该做的事嘛。"

　　其实梁启超一直担心徐志摩和林徽因旧情复燃，伤了儿子的感情，梁家也没面子。特别是之前和徐志摩通过信，学生态度坚定地表白了心意，令他如芒在背。再加上同样受过西方教育的林徽因，他的忧心并不多余。好在这次的意外事故，歪打正着地检验了林徽因对梁思成的感情。梁启超看到了一个有情有义，善良懂事的好女孩。心里的一块大石头终于放了下来，喜不自禁。

　　最开始的时候医院认为梁思成没有骨折，不需要手术，后来诊断是复合型骨折，到五月底已经做了三次手术。从那时起，梁思成的左腿比右腿短了一截，造成后来的终生跛足。

　　梁启超借着养伤的这段时间，让儿子研读中国古代经典名著，从《论语》《孟子》开始，到《左传》《战国策》等等一一涉猎，用以积累他的知识。

　　李夫人对撞伤梁思成的官员恼火不已，她亲自登门拜访黎元洪，要求处罚那个官员，最后说是司机的失职，李夫人不接受这个敷衍，直到黎元洪替那个官员道歉为止。

　　一个半月后，林徽因带着一束花来接梁思成出院。这个时候她已经从教会女中毕业，考取了半官费留学。

大概就是这场车祸彻底坚定了林徽因要和梁思成一道走下去的信念吧？因为照顾病人，林徽因和梁思成才有了自恋爱以来从未有过的频繁的亲密接触。这次有惊无险的意外让林徽因看清了自己的心，她和梁思成再不能轻易地别离了。

我们总是失去了才懂得珍惜。老天慷慨地给了林徽因弥补的机会，在一切还来得及的时候让她重新选择安排自己的缘分。如果没有这次生死考验，也许林徽因还在徐志摩和梁思成之间苦恼不已。其实命运不一定残酷，在你感到迷茫的时候它会给你暗示，让你选择自己想要走的路。虽然选择也会有得有失，但人生本就不能完全无憾。

对于已经不再相爱的那个人，有人选择还是朋友，有人老死不相往来。这两种态度不能说谁对谁错，因为性格决定选择，想要以何种关系继续以后的生活，就要保证自己不被那种关系所搅乱。林徽因和徐志摩此后一直是好朋友，因为林徽因够理智够清醒，她知道自己的心已经给了梁思成，再无可能与他分开，所以才能坦然地与徐志摩相处。

人的一生终究是一个人的一生。不是说要孤独终老，而是大家各自有所追求，有缘分就相遇，有缘无分，情深缘浅是常事，分开也未尝就会痛苦得无法自持。人生如戏，一场落幕下一场又要开始，自然也不必过分耽于昨天。你记得也好，你忘记也罢，生命本就如轮回一般，来来去去，何曾为谁有过丝毫停歇。

# 一生挚爱一生等待

"人生若只如初见，何事秋风悲画扇。"可人生又怎能只如初见，如果说初见灿若春花，携手一段漫长人生，便可看秋叶之静美了。只是情到薄处，难免会有所失落，怅惘追忆曾经之美好。然而亦有些人，爱上了便可情深不寿。在他的生命中，所有光阴都如初见时美好绝伦。

真爱无悔，无论你我以何种方式对待自己的情感。只要付出过，珍重过，拥有过，便是爱的慈悲。相离亦不一定是背叛，给彼此一个美好祝福，或许都会海阔天空。

有人说衡量一位女性有多大魅力，看看她身边的男性质量如何就知道了。这么说的话，林徽因必定是个风姿绰约，魅力超凡的女性了。建筑学家梁思成是她的丈夫，新月派诗人徐志摩是她的知己。还有一位一直与林徽因联系在一起的优秀男人，就是"择林而居"的哲学家金岳霖。

很多年前的清华大学清华园，有几位著名人物，人称"清华三苏"，同时也是著名的单身汉三人帮。其中有个哲学家叫金龙荪的，就是金岳霖，大家都习惯喊他老金。

老金生长于三江大地，年长梁思成六岁。他自幼聪慧，小小年纪便考进清华。1914年毕业后留学英美。刚到美国的时候，他服从

人间四月天的刹那芳华 林徽因

家人的安排读商科，后来到哥伦比亚大学改学政治学，仅两年就拿到了博士学位。在美国短期任教后，他又游学欧洲近十年。有一天，他在巴黎大街上闲逛的时候，忽然听得一帮法国人在那里激烈地辩论，他越听越有兴趣。于是这位政治学博士转攻逻辑学，并将之作为自己终生的事业。

金岳霖也按照当时风行的"清华——放洋——清华"的人生模式，从欧洲回国后执教于清华哲学系，看上去又回到了起点。但此"点"绝非彼"点"，不一样就是不一样。金岳霖受了十几年欧美文化的熏陶，生活作风相当洋化。他在清华教书的时候，总是一身笔挺的正装，打扮入时。加上超过180公分的个子，仪表堂堂，非常有绅士派头。清华哲学系最初只有一位老师，就是老金，当年他只有三十出头。但逻辑学这门年轻的学科，差不多就是这位年轻的学者引进中国的。时人有言，中国只有三四个分析哲学家，金岳霖是第一个。张申府说："如果中国有一个哲学界，那么金岳霖当是哲学

喜欢一个人，爱一个人，是一件沉重而长远的事，可能会是一生一世。这要靠行动而非语言。

界之第一人。"

关于老金的逸闻趣事，最引人注目的就是他暗恋建筑学家、诗人林徽因，并为之终身未娶。据说老金在英国读书时，收获不少外国女同学的爱慕，其中一位金发美人丽琳还跟着他来到了中国，并同居了一段时间。在当时看来，这位丽琳属于女性中的异类，她是个不婚主义者，但对中国的家庭生活极为有兴趣，表示要以同居的方式体验中国家庭内部生活与爱情的真谛，于是便和老金在北平同居下来。

至于这位美国美人何因何时离开老金回国，在文献中记载极少。或许是当时的文人们欲维护老金颜面，对此事大多讳莫如深。我们能知道的就是，随着老金和梁氏夫妇结为好友，思维和处事方法极另类的哲学家就打包行李搬到北总布胡同三号"择林而居"（老金语）了。

老金晚年回忆说："他们住前院，大院；我住后院，小院。前后院都单门独户。30 年代，一些朋友每个星期六有集会，这些集会都是在我的小院里进行的。因为我是单身汉，我那时吃洋菜。除了请了一个拉东洋车的外，还请了一个西式厨师。'星期六碰头会'吃的冰淇淋和喝的咖啡都是我的厨师按我要求的浓度做出来的。除早饭在我自己家吃外，我的中饭、晚饭大都搬到前院和梁家一起吃。这样的生活一直维持到'七七事变'为止。抗战以后，一有机会，我就住他们家。"老金还说"一离开梁家，就像丢了魂似的"。

老金因为一直单身，没有什么牵绊，所以始终是梁家聚会上的座上宾。梁家和老金志趣相投，背景相似，交情自然非比寻常。老金对林徽因的才华人品赞不绝口，对她本人亦是呵护有加。徽因对老金则有一种后辈对前辈的仰慕之情，两人感情甚笃。徐志摩去世后，金、林二人交往愈发亲密。

关于林徽因和金岳霖的这段感情，多年之后梁思成曾有过谈论。梁思成第二任夫人林洙说："我曾经问起过梁公关于金岳霖为林徽因而终身不娶的事。梁公笑了笑说：'我们住在总布胡同的时候，老金就住在我们家后院，但另有旁门出入。可能是在 1931 年，我从宝坻调查回来，徽因见到我哭丧着脸说，她苦恼极了，因为她同时爱上了两个人，不知怎么办才好。她和我谈话时一点不像妻子和丈夫谈话，却像个小妹妹在请哥哥拿主意。听到这事我半天说不出话，一种无法形容的痛苦紧紧地抓住了我，我感到血液也凝固了，连呼吸都很困难。但我感谢徽因，她没有把我当一个傻丈夫，她对我是坦白和信任的。我想了一夜该怎么办。我问自己：徽因到底和我幸福还是和老金一起幸福？我把自己、老金和徽因三个人反复放在天平上衡量。我觉得尽管自己在文学艺术各方面有一定的修养，但我缺少老金那哲学家的头脑，我认为自己不如老金，于是第二天，我把想了一夜的结论告诉徽因。我说她是自由的，如果她选择了老金，祝愿他们永远幸福。我们都哭了。'"

林徽因把梁思成的话告诉了老金，老金对她说："看来思成是真正爱你的，我不能去伤害一个真正爱你的人。我应该退出。"从那以后，林徽因和梁思成再未谈及此事。

老金是个守信用的人，林徽因同样是个诚实的人。他们三人始

梁思成（左）与金岳霖（右）同时深爱着一个女人——林徽因（中），他们三人坦诚的态度让彼此之间没有芥蒂。金岳霖明白，自己的守护只能是默默的，才不会让林徽因有压力，不会让梁思成反感和厌恶。而梁思成也给予了他们最大的信任。

终是很好的朋友。"我自己在工作上遇到难题也常去请教老金，甚至连我和徽因吵架也常要老金来'仲裁'，因为他总是那么理性，把我们因为情绪激动而搞糊涂的问题分析得一清二楚。"梁思成说。

从好事者的调查猜测和可考证的文字看，这三人的关系很像西洋小说中的人物关系，这个故事的结局是：林徽因、金岳霖一直相爱、相依、相存，但又无法结为夫妇。老金孑然一身，默默地守护着心中挚爱。怎奈天意弄人，徽因红颜薄命，这趟爱情旅行只剩下老金踽踽独行了。

事实上，上面梁思成的那些话出自林洙所写的《梁思成、林徽因与我》。当她写这段故事的时候，三个当事人已全部作古，是否完全还原事实无从考证。总之，只要一提起林徽因和金岳霖，大家必说起这个故事并唏嘘感动一番，到了这份上，也就无必要评判真假了。

老金大概真的对林徽因有感情，只是感情的深浅、表达的程度，特别是林徽因的回应，从旁的地方很难得到证实。旁证倒也不是没有，但都像白开水一样，缺乏好事者期待的那种惊世骇俗的浪漫。

汪曾祺先生在《金岳霖先生》一文中记载，林徽因去世以后，有一天老金在北京饭店请客，老友们收到通知都很纳闷怎么老金忽然要请客呢？到了之后，金岳霖才宣布："今天是林徽因的生日。"

林徽因对金岳霖的回应有一个算得上可靠的证据。她在1932年元旦写给胡适的信中提到老金时，称他为"另一个爱我的人"。

在林、梁、金三人中最长寿的是老金，享年89岁。晚年的老金和林徽因的儿子梁从诫生活在一起，从诫以"尊父"之礼事之，称之为"金爸"。不过这也没什么可惊讶的，老金在梁家住过，后来梁家搬到四川，老金住在好友钱瑞升家里时，钱家的孩子也是亲热地喊他"金爸"。

老金晚年时，有人请求他给再版的林徽因诗集写一些话。他考虑良久，拒绝了。"我所有的话都应当同她自己说，我不能说。"停顿一下，补充道："我没有机会同她自己说的话，我不愿意说，也不愿意有这种话。"

喜欢一个人，爱一个人，是一件沉重而长远的事，可能会是一生一世。这要靠行动而非语言。喜欢，或者爱，于用情至深之人，是千钧的重量，一旦化成语言就减轻了分量；是付出，而非索取，一旦索取就不再纯粹。

佛把他变成了一棵树，永远等在她必经的路旁。世上再无金岳霖，那份可能称之为"爱"的感情，也永远无法复制。

# 诟 病

"他如果活着恐怕我待他仍不能改变，事实上也是不大可能，也许那就是我不够爱他的缘故。"林徽因这么说的时候，康桥之恋已经过去许多年，她的生活已然平静安稳。也许她的骨子里还存有少女般的浪漫，梦的时候，她可以比谁都诗意，一旦醒转，又比谁都理智。她用理智超越了情感。

人间情爱莫过于此。时光氤氲，我们更无法分清当年的落花流水，到底是谁有情，谁无意。又或许本就没有过情意之说，不过是红尘中的一场偶遇，一旦分别，两无痕迹。

1932 年，林徽因给胡适去了一封信，在信中提及自己最近的愁闷心情：

我自己也到了相当的年纪，也没什么成就，眼看得机会愈少——我是个兴奋型的人，靠突然的灵感和神来之笔做事，现在身体也不好，家常的负担也繁重，真是怕从此平庸处世，做妻生子的过一世！我禁不住伤心起来。想到志摩今夏对于我富于启迪性的友谊和 love，我难过极了。

因为和三位优秀的男性都有过感情纠葛，很多人在这一点上批评林徽因。特别是在与金岳霖的关系上这一点。那时她已是梁思成的妻子，却仍然和金岳霖有不清不楚的关系。在这场"三角"旋涡中，金岳霖表现得是那么痴情、隐忍，梁思成又是那么宽容，简直就是现代女性梦寐以求的好男人！但是，相比被镀上一层金的两位男士，林徽因就不是那么被人称道了。这完全就是不守妇德，用情不专的典型嘛。

用现在的观点看，林徽因大概会被归类到"很会释放荷尔蒙的女性"那一队里吧。

事实真是这样？

关于金、林二人的感情关系，实际上很容易举出反驳的例证。两人一个是逻辑学家，一个是建筑学家，都是以理智清醒著称。林徽因在感情与婚姻中令人惊异的理性也是她作为一名女性的成功之处。她既然能拒绝了浪漫多情的诗人，怎么面对常人眼里的"怪胎"逻辑学家就冲昏头脑了？她接受过西方文化的熏染是没错，但在婚姻之中她始终有着中国人的传统思维方式，她爱着丈夫和一双儿女，顾虑到家族的名誉，怎么会不管不顾地和金岳霖坠入罗曼蒂克、惊世骇俗的爱河呢？

很多人都认为金岳霖终身不娶是因为痴恋林徽因。但是别忘了，金岳霖是个哲学家，准确地说是个逻辑学家。哲人的精神世界又如何用常识去揣测？只有理智和智慧在他们眼中闪烁着永恒价值的光彩。金岳霖不是诗人徐志摩，把爱与美看成至高无上。如果说金岳霖为了林徽因单身一辈子，那么，让柏拉图、叔本华、康德这些前辈终身未娶的女神又是谁呢？金岳霖曾经的女友丽琳也是一位不婚主义者，两人同居而不谈婚姻，说明金岳霖在这个问题上极有可能与之达成一致。梁思成大姐梁思顺曾说:"有人激进到连婚姻也不相信。"——这是在说金岳霖。

金岳霖终身不娶,并非仅仅因为林徽因这么简单,而是哲学家追求理性和智慧的一种极端的表现。当然,林徽因的出现可能坚定了他这一想法。哲学家特有的理智,对女性的要求在林徽因身上寻求到了一个完美。他必不会去破坏这份完美,必将去维护这份完美。

金岳霖始终理智地看待自己所处的位置,并理性地掌控着他的处世哲学。许多时候他用"打发日子"来形容他长期单身的寂寞。他后来写文章把自己和梁家的关系做了描述,并发挥了对"爱"和"喜欢"这两种感情与感觉的分析。老金的逻辑是:"爱与喜欢是两种不同的感情或感觉。这二者经常是统一的,不统一的时候也不少,就人说可能还非常之多。爱,说的是父母、夫妇、姐妹、兄弟之间比较自然的感情,他们彼此之间也许很喜欢。""喜欢,说的是朋友之间的喜悦,它是朋友之间的感情。我的生活差不多完全是朋友之间的生活。"

那么和徐志摩呢?

林徽因与徐志摩的一段剑桥情缘无可非议,当时林徽因与梁思成毫无关系,是绝对的自由身。但有人认为林徽因相当于第三者,拆散了徐志摩和张幼仪。一大批研究者相信徐、林二人是有过爱情的。韩石山研究整合了与徐志摩相关联的三位女性的资料,肯定地说:"(张)幼仪不记恨陆小曼,她记恨的是林徽因。她记恨的并非是为自己,倒有一半是为了志摩。她恨林答应了他,却没有嫁给他。……两人的恋情，肯定是有的。徐志摩为了赶听林在协和小礼堂的报告，才匆匆坐飞机殒命的。"

林徽因遭人议论最多的，就是她在已经和梁思成交往的前提下仍然和徐志摩关系甚密。她和梁思成在宾大读书时也曾主动写信给徐志摩。但是从另一方面看，当时北平文化圈的名人来来去去就那么多，低头不见抬头见，要完全避开，简直是不可能的。

梁从诫、梁再冰一再重申"徐、林之间没有爱情"。梁再冰说："徐志摩去世时我年纪还小，但作为林徽因和梁思成的女儿，我很了解徐志摩同我父母之间关系的性质。徐志摩是我家两代人的朋友。他曾经追求过年轻时的母亲，但她对他的追求没有做出回应。他们之间只有友谊，没有爱情。……母亲在世时从不避讳徐志摩追求过

金岳霖（左一）、梁再冰（左二）、林徽因（左三）、费慰梅（右二）、费正清（右一）等，1935 年于北京天坛。费正清和费慰梅夫妇是林徽因的好友，林徽因经常写信给好友诉说自己的境况，而好友则将这些往来的书信一直珍藏着。

她，但她也曾明确地告诉过我，她无法接受这种追求，因为她当时并没有对徐志摩产生爱情。她曾在一篇散文中披露过 16 岁时的心情：不是初恋，而是未恋。……她曾说过，徐志摩当时并不了解她，他所追求的与其说是真实的她，不如说是他自己心目中一个理想化和诗化了的人物。"

梁从诫也强调，林徽因很坦然地承认她和徐志摩之间的感情，但不是那种谈婚论嫁的爱。"他们都非常懂得，爱一个人，首先是尊重一个人，宽容一个人，给对方留有余地，这才是它的魅力所在，所以我们才说它崇高。"

林徽因挚友费慰梅在回忆林徽因时说，她在谈到徐志摩的时候，总是把他和英国诗人、大文豪联系在一起。可见林徽因对徐志摩更多的是待之以文学上的师友。梁从诫认为"这才是他们之间的真实关系"。

我们可以肯定地说，林徽因绝对没有辜负梁思成。无论是车祸之后的精心照料，还是二人结婚之后的夫唱妇随。人们只道梁思成在建筑上的成就，但若没有林徽因相伴，梁思成的成就也许不会如此耀眼。林徽因在丈夫的研究中，做了大量不为人知的工作。一切都是默默地进行，她没有署上自己的名字。因为她与梁思成早已不分彼此。

民国，这个连字形都被染上了浪漫、风情、传奇气息的词汇。那个年代的才女不止林徽因一个，引人入胜的爱情故事也不止这一桩。很多民国才女，她们的爱情或热烈，或淳朴。她们的爱情有时也很决绝，比如张爱玲，比如蒋碧薇，还有萧红。这些才女们并没有比林徽因笨拙，她们有足够的智慧和才情。她们的天赋才华，民国以后再难寻找。可她们在爱情中，总会伤了自己。大抵是那份执着太锋利了，生生割断了情感中聪慧的弦，才变傻了，被伤了。但林徽因的感情是民国才女中的异类。她是真聪明的。要知道，世上最坚韧的，不是石头，是水。林徽因像流水，灵活柔软地避开了执着的利刃，在那个年代特有的风花雪月的迷阵中，全身而退。

　　林徽因是一位复杂的女性。她善良、聪慧，用现在的话说情商极高，她能理解对方，为对方设身处地地着想，从不会嘲笑他们。但从另一方面看，她又是那么理智甚至冰冷无情。面对热烈追求的徐志摩她能决然地转身，面对默默守护的金岳霖她以礼相待，面对丈夫的宽容呵护她也能坦然相告"我同时爱上了两个人"。从某种程度上来说，林徽因算得上是爱情的终结者吧？她不是一个特别适合谈恋爱的人。恋爱大概是属于徐志摩、陆小曼那一类人的，赴汤蹈火，无怨无悔，蜡炬成灰泪始干。而林徽因占上风的始终是理智。她是一个特别清醒、特别从容的人，不会为了某种情绪让自己深深沉沦。她有属于自己的坚持和原则，有自己独立的空间。所以她能留下许多的瞬间和剪影，有些人记住的是她的柔情婉转，有些人记住的是她的淡然自若，有些人记住的是她的热情执着。或许正是由于她的复杂，不可名状，才会有那么多人仰慕她，爱恋她，甚至一生一世守在她身边。

## 光芒初绽

张爱玲说：出名要趁早。

林徽因便是如此。她没有不得志过，更不是大器晚成。在她尚未拥有"中国第一代女建筑学家""新月派诗人"这样熠熠生辉的头衔之时，她年轻秀美的面庞就已经让许多人铭记。

林徽因这一生虽说也经历过至亲的死亡，自己亦是落下一身病骨，但在那个风起云涌的年代，亦算说得上安稳。她不是张幼仪，命运所逼终于成就一位新女性。她高贵的出身，开明的父亲让她年纪轻轻就站在了与平凡女孩截然不同的位置。更不要说林徽因本就天赋异禀，生得美丽，又有才华，性格机敏讨喜，这对一个女人来说，已经是太充裕了。

大幕拉开，是马尼浦王的女儿的绝世风采；宾大校园里还留着那个东方女孩清雅的身影；欧陆的古建筑还记得那双闪烁着光彩的美丽的眼睛……

# 新 月

那个为爱而生的诗人曾对他的朋友说："我要把生命留给更伟大的事业呢。"但这事业终究是未完成。有人说，徐志摩再走下去，也许会长大，孩子总有一天会看清现实的样子，上天没有再给他十年。所以他永远单纯着信仰，怀抱着赤子的天真。

一提到"新月"会想起什么？

诗哲泰戈尔的《新月集》是自然的。这本诗集的名字同样也是中国现代新诗史上一个重要流派的名字。闻一多曾在《诗的格律》中提出著名的"三美"主张，即"音乐美（音节）、绘画美（辞藻）、建筑美（节的匀称和句的均齐）"。它是针对当时的新诗形式过分散体化而提出来的。这一主张奠定了新格律学派的理论基础，对新诗的发展做出了一定的贡献。因此，新月派又被称作新格律诗派。后期新月派提出了"健康""尊严"的原则，坚持的仍是超功利的、自我表现的、贵族化的"纯诗"的立场，讲求"本质的醇正、技巧的周密和格律的谨严"，但诗的艺术表现、抒情方式与现代派趋近。

说新月派，自然不能不说《再别康桥》的徐志摩。

一切开始于北京西单附近的石虎胡同七号。那里有一座王府似的宅子，古树参天。这座宅子名气不小，住过平西王吴三桂，清代名臣裘曰修也曾是它的主人。还有人说这宅子里闹鬼，是座凶宅。

人间四月天的刹那芳华 林徽因

后来维新派大人物梁启超把松坡图书馆专门收藏西书的分馆办在这里。徐志摩从英国回来，在图书馆当英文干事，将其中的一间房屋作为自己的居所。

1924年初春，林徽因走进了石虎胡同七号。

这座宅子有两进两出的幽静的庭院。院落不大，布局倒是严谨有加，一正两厢，掠檐斗拱，颇为气派。乍暖还寒，院子里的柿子树槐树还未返青，

徐志摩，1924年摄。

只在枝梢上泛出些微的绿意。倒是那藤萝耐不住性子，迎着稀薄的日光抽出黄绿色的新叶来，料峭春寒好像也不那么漫长了。那是个微弱的季节，同时也是不可忽视的力量。

林徽因推开北正厅的大门，迎接她的是粉刷一新的墙壁和新铺的红地毯。地毯四周摆放了一圈沙发。房间被打扫得窗明几净，几盆仙客来竞相绽放，粉白紫红相间的娇嫩的花瓣如颤动的蝴蝶的翅膀，仿佛就要振翅向春天飞去了。

那个春天，徐志摩正等待着泰戈尔来华。有人说徐志摩伶俐会来事儿，定是为了讨得诗哲欢心，才应景似的将自己创立的团体命名为"新月"。徐志摩的"新月社"当然与《新月集》有联系，可"新月"二字，自然也镌刻着徐志摩的追求。

徐志摩喜欢月，写过许多和月有关的诗，人也如月般浪漫，情

感如月般明澈，毫无遮掩。这正应和了新月的清澈明亮。但同时这也是他遭遇情感风波和文坛风波的原因。

就连徐志摩自己都无法确定，自己一个二十几岁，毫无根基的青年究竟能做出些什么成就来。那时候，一大批青年学子海外归来，北京城里藏龙卧虎。你看那逼仄胡同里一扇不起眼的门后，不定就坐着个惊才绝艳的人中龙凤。一场新文化运动催生了多少雨后春笋，文学研究社，创造社锋芒毕露；《小说月刊》《新青年》风生水起。清丽的月光真的能照彻他的理想吗？

徐志摩没有太多时间考虑这些，眼下他正红着眼睛忙碌着。今天是个重要的日子，为了筹备新月社成立，他已经连续数日寝食不安了。这件事确实为难了他，筹集经费，请厨师，粉刷房屋，事事都得操心。多亏有个能干的黄子美跑前跑后地帮衬，也亏得徐申如与儿子冰释前嫌，慷慨解囊，这个由周末聚会托生的新月社才不至于胎死腹中。

"好漂亮哟！"林徽因带着福建官话味儿的京片子脆生生的俏皮。

"让林小姐夸奖可不容易呀！"徐志摩打趣说，一边给她搬来一把椅子。

　　林徽因哪里闲得住，她兴致勃勃地绕着大厅走了一圈儿，又去院子里看藤萝。她惊奇地叫起来："志摩你看！这藤萝出新叶啦！用不了多久就会有一串一串的紫花开出来，那时这小院就更美啦。"

　　徐志摩的布满血丝的眼睛亮起来："新月社就像这藤萝一样，有新叶就会有花朵，看上去那么纤弱，可它却是生长着，咱们的新月也会有圆满的一天，你说是吗？"

　　林徽因连连点头。

　　"就凭咱们这一班儿爱做梦的人，凭咱们那点子不服输的傻气，什么事干不成！当年萧伯纳、韦伯夫妇一起，在文化艺术界，就开辟出一条新道路。新月、新月，难道我们这新月是用纸板剪成的吗？"

　　"把树都给栽到一处，才容易长高啊！"林徽因不无感慨地说。

　　"咱们有许多大事要做，要排戏，要办刊物，要在中国培养一种新的风气，回复人的天性，开辟一条全新的路。"徐志摩说，"眼下最重要的是排练《齐德拉》，到时候你可是要演马尼浦王的女儿呢。"

　　说到专门为了泰戈尔来华排练的舞台剧，林徽因的情绪更加热烈起来。

　　社员们三三两两地走进了院子。

　　胡适是第一个来的。穿一件蓝布棉袍，袖着手。这位蜚声中外的学者看起来倒像个乡塾冬烘先生。一进门，就冲着厨子用徽州土话嚷："老倌，多加点油啊！"

徐志摩笑说："胡先生，给你来个一品锅怎么样啊？保险不比江大嫂手艺差！"

林徽因拊掌笑起来。难得这位不苟言笑的胡博士幽上一默。

随后来的是陈伯通和凌淑华。陈伯通瘦高个儿，温文尔雅，一副闲云野鹤的派头；凌淑华安安静静的，鹅蛋脸上挂着淡淡的微笑。

高个头儿的金岳霖侧着身子进来。林徽因笑道："老金一来，这屋子就矮了！"

大家都笑起来。

梁启超和林长民这对老友姗姗来迟。梁启超穿着宽大的长袍，秃顶宽下巴，看着倒也精神潇洒。他左顾右盼一番，赞道："收拾得不错，蛮像样子的嘛！"

一屋子的人吵闹着："今天林先生来晚了，罚他唱段甘露寺！"

林长民抱拳过头向四座拱手道："多谢列位抬举，老夫的戏从来是压轴的，现在不唱！现在不唱！"

这些在中国现代文化史上留下名字的天之骄子们谁也没有意识到，他们以泰戈尔诗集命名的这个小小的社团，就在这初春里的平平常常的一天，走进了新文化运动的历史。

尚且年轻的林徽因自己也没有注意到，她将和这些文采飞扬的朋友、前辈们一起，为改变中国现代文坛的格局留下清新却坚实有力的一笔。

## 苍松竹梅三友图

流水过往，一去不返，可人又是为何在悲伤惆怅的时候无法抑制地怀想从前呢？大抵是我们都自知太过庸常，经不住平淡流光日复一日的冲刷。想当初立于别离的渡口。多少人说出誓死不回头的话语。末了偏生是那些人需要依靠回忆度日，将泛黄的过往前尘一遍又一遍阅读，泪水涟涟。

1924 年 4 月 23 日，9 时 24 分。墨绿色的车厢如同从远海归航的古船停泊在了北京前门火车站的月台上。一群文化名人装扮一新，神情严肃中透出期待和焦急。梁启超、蔡元培、胡适、蒋梦麟、梁漱溟、辜鸿铭、熊希龄、范源濂、林长民等人或西装革履，或长衫飘逸，个个气度不凡。万绿丛中一点红的林徽因，着咖啡色连衣裙

徐志摩（右一）、林徽因与泰戈尔等合影。

搭配米黄色上装，素净淡雅。她手捧一束红色郁金香，年轻娇美的面容被衬托得更加动人。

车门打开。

一位头戴红色柔帽，身穿浅棕色长袍，鹤发童颜，长髯飘逸的老人在一个清秀的中国青年的搀扶下下了车，林徽因感到自己的心跳一下子加快了。这就是得到诺贝尔奖的诗哲泰戈尔吗？分明是慈眉善目的东方寿星呀。林徽因觉得他仿佛来自一个童话世界，一个圣灵的国度。如果不是同时下车的徐志摩提醒，她差点忘了献上手中的花。

鞭炮响了，是一千响的霸王鞭，这是最具中国古典韵味的欢迎仪式。泰戈尔兴奋地展开双臂，像个孩子那样地笑着，好像要拥抱这座尊贵古老的皇城。

从 4 月 12 日"热田丸"号徐徐驶入黄浦江开始，中国知识界的神经就已经兴奋起来了，泰戈尔也同样激动，他终于来到了这个早已心向往之的国度。桃花似锦的龙华，草长莺飞的西湖，六朝烟霞的秦淮……都深深吸引这位印度诗人。泰戈尔踏访遗迹，发表演讲，与学者们交流互动，乐此不疲。徐志摩作为忘年交的好友和翻译一直陪伴在他身边。

泰戈尔访华的演讲稿是徐志摩事先翻译好的，诗哲的行程也是他精心安排的。他们在这段朝夕相处的日子谈创造的生活，谈心灵的自由，谈普爱的实现，谈教育的改造。在杭州游西湖时，徐志摩一时诗兴大发，在一株海棠树下作诗达旦。梁启超特别集宋人吴萌宵、姜白石的词作了一首对联赠给学生：

临流可奈清癯，第四桥边，呼棹过环碧

此意平生飞动，海棠树下，吹笛到天明

林徽因的情感也许没有诗人那么外露和激荡，但是她的内心也平静不下来。从泰戈尔到达国内的那天起，她就每天看着报纸为他们计算着行期。对于泰戈尔那些脍炙人口的名作，爱诗的林徽因早已熟烂于心，他时刻都在盼望着能早一点见到这位睿智的偶像。当泰戈尔真正出现在她的眼前时，她就像掉进了一个童话世界似的，几乎要分不清是真是幻了。

鸽哨清亮悠扬地划过碧空如洗。日坛公园的草坪修剪一新，阳光铺展其上，每一片草叶都闪耀着淡淡的金色光泽，蒸发起令人心情舒畅的植物清香。那是一种令人想起梦境中的故园的清香，遥远、古老而又安宁。

欢迎泰戈尔的集会就在这片草坪上进行。原本的计划是在天坛公园集会，但天坛公园是收门票的，考虑到学生们大多经济不自由，于是改在免费的日坛公园。

林徽因搀扶着泰戈尔登上演讲台，担任同声翻译的是徐志摩。当天京城的各大报纸都在头条报道了这次集会的盛况。说林小姐人艳如花，和老诗人挟臂而行，加上长袍白面，郊寒岛瘦的徐志摩，犹如苍松竹梅的一幅三友图，林徽因的青春美丽、徐志摩的风度翩翩，和诗哲的仙风道骨相映成趣，一时成为京城美谈。

泰戈尔的即兴演讲，充满了真挚、亲善的情感。他说："今天我

林徽因、徐志摩一左一右陪同泰戈尔。

们集会在这个美丽的地方，象征着人类的和平、安康和丰足。多少个世纪以来，贸易、军事和其他职业的客人，不断地来到你们这儿。但在这以前，你们从未考虑过邀请任何人，你们不是欣赏我个人的品格，而是把敬意奉献给新时代的春天。"

老人清清嗓子接着说："现在，当我接近你们，我想用自己那颗对你们和亚洲伟大的未来充满希望的心，赢得你们的心。当你们的国家为着那未来的前途，站立起来，表达自己民族的精神，我们大家将分享那未来前途的愉快。我再次指出，不管真理从哪方来，我们都应该接受它，毫不迟疑地赞扬它。如果我们不接受它，我们的文明将是片面的、停滞的。科学给我们理智力量，他使我们具有能够获得自己理想价值积极意识的能力。"

饮了一口林徽因送上的热茶，泰戈尔望着远方的天空，情绪有点激动。

"为了从垂死的传统习惯的黑暗中走出来，我们十分需要这种探索。我们应该为此怀着感激的心情，转向人类活生生的心灵。"他提醒说，"今天，我们彼此命运是息息相关的。归根到底，社会是通过道德价值来抚育的，那些价值尽管随着时间的变化而变化，但仍然具有——道德精神。恶尽管能够显示胜利，但不是永恒的。"他雪白的长髯微微飘拂着，嗓音洪亮，精神矍铄，宛如圣哲站在阿尔卑斯山巅对着全人类布道，"在结束我的讲演之前，我想给你们读一首我喜爱的诗句：

仰仗恶的帮助的人，建立了繁荣昌盛，

依靠恶的帮助的人，战胜了他的仇敌，

依赖恶的帮助的人，实现了他们的愿望，

但是，有朝一日他们将彻底毁灭。"

徐志摩文采飞扬的传译伴随着诗哲淙淙流水般的演讲，让参加集会的学生都出了神。一旁的林徽因不时向他投去赞许的目光。讲演结束之后，林徽因对徐志摩说："今天你的翻译发挥得真好，好多人都听得入迷了。"

徐志摩说："跟泰戈尔老人在一起，我的灵感就有了翅膀，总是立刻就能找到最好的感觉。"

林徽因说："我只觉得老人是那样深邃，你还记得在康桥你给我读过的惠特曼的诗吗？——从你，我仿佛看到了宽阔的入海口。面对泰戈尔老人，觉得他真的就像入海口那样，宽广博大。"

林徽因、徐志摩一左一右，相伴泰戈尔的大幅照片，登在了当天的许多家报纸上，京城一时"洛阳纸贵"。

5月8日，由胡适做主席，400位京城最著名的文化界名人出席了泰戈尔64岁的生日宴会。这是一场按照中国传统方式操办的宴会，泰戈尔得到了十几张名画和一件瓷器作为寿礼，但最让他高兴的是自己有了一个中国名字。命名仪式由梁启超亲自主持。梁启超解释道，泰戈尔的英文名字 Rabindranath 译作中文即"太阳"和

"雷""震旦"二字由此而来。而"震旦"恰恰是古代印度称呼中国的名字 Cheenastnana，音译应为"震旦"，意译应为"泰士"。梁启超又说，按照中国人的习惯，名字应该有姓，印度国名天竺，泰戈尔当以国名为姓，全称为"竺震旦"。泰戈尔先生的中文名字象征着中印文化永久结合。

同样是为了给泰戈尔祝寿，新月社排演了他根据印度史诗《摩诃德婆罗多》写的《齐德拉》。因是专场演出，且人物对白全部用英语，观众只有几十个人，不太懂英文的梁启超由陈通伯担任翻译。

这是一个与爱情有关的故事。齐德拉是马尼浦国王的女儿，马尼浦王系中，代代都有一个男孩传宗接代，可是齐德拉却是他的父亲齐德拉瓦哈那唯一的女儿，因此父亲想把她当成儿子来传宗接代，并立为储君。公主齐德拉生来不美，从小受到王子应受的训练。邻国的王子阿顺那在还苦行誓愿的路上，来到了马尼浦。一天王子在山林中坐禅睡着了，被入山行猎的齐德拉唤醒，并一见钟情。齐德拉生平第一次感到，她没有女性美是最大的缺憾，失望的齐德拉便向爱神祈祷，赐予她青春的美貌，哪怕只有一天也好。爱神被齐德拉的诚心感动了，答应给她一年的美貌，丑陋的齐德拉一变而成为如花似玉的美人，赢得了王子的爱，并结为夫妇。可是这位女中豪杰不甘冒充美人，同时，王子又表示敬慕那个平定了盗贼的女英雄齐德拉，他不知他的妻子就是这位公主。于是，齐德拉祈祷爱神收回她的美貌，在丈夫面前显露了她本来的面目。

在这个故事里，观众最关注的不是王子公主，而是公主和爱神。

人间四月天的刹那芳华 林徽因

林徽因饰演齐德拉，徐志摩扮爱神玛达那。

天鹅绒大幕缓缓拉开了。

林徽因和徐志摩没有想到，他们竟然那么快就进入情境。他们的配合是如此默契，每一次眼神交汇都是心灵的相连。台词好像不需要记忆，因为完全可以从对方的眼神里读出。真情演绎出的戏剧无疑能打动所有人。他们似乎忘记了舞台的存在，也忘记了台下的观众。当然，他们也无暇注意到台下英文并不灵光的梁启超的惊愕、愠怒的目光。

演出大获成功。随着幕布的落下，观众纷纷起身鼓掌，为他们精湛的表演叫好。掌声在四壁如潮水般回旋着。泰戈尔登上台，拍着女主角的肩膀赞许道："马尼浦王的女儿，你的美丽和智慧不是借来的，是爱神早已给你的馈赠，不只是让你拥有一天、一年，而是伴随你终生，你因此而放射出光辉。"

林徽因在泰戈尔的诗剧《齐德拉》中饰演马尼浦国王的女儿齐德拉公主。

尽管林徽因光芒四射的美貌和演技为北京文化界增了光，添了彩，也得到了诗哲的赏识，但梁家可是高兴不起来。李夫人和大女儿梁思顺耿耿于怀，梁思成也有些郁闷。因为一场戏擦出火花，俨然现在八卦绯闻的桥段。但这桩绯闻很难让人不当真。当时周围的朋友都知道徐、林二人余情未了，特别是徐志摩，一直没有完全放弃追求林徽因，这几乎是公开的秘密。他回国后一直殷切地待她，如初见一般温柔热切。就算林徽因当时确实如外界传言的那样有些动摇，也是在情理之中。

但是，林徽因依旧是那个理智得令大多数女性羡慕的林徽因。可能她有过短暂的挣扎矛盾，但她最终选择了远离感情是非。她马上就要跟梁思成一起去美国读书了。

5月20日是泰戈尔离开的日子。在北京时，林徽因一直不离诗哲左右，令泰戈尔欣赏有加。临别时特别写了一首诗赠给林徽因：

蔚蓝的天空

俯瞰苍翠的森林，

他们中间

吹过一阵喟叹的清风。

陪同泰戈尔的徐志摩在靠窗的桌子上铺开纸笔。他不敢看站台上的林徽因。看了又能怎么样呢？他们之间的爱情苏醒宛如一次生命的回光返照。最终他们会渐行渐远，消失在彼此眼里。原来，爱情是这般脆弱呀！简直是不敢相信！

徐志摩匆匆写着：

"我真不知我要说的是什么话，我已经好几次提起笔来想写，但是每次总是写不成篇。这两日我的头脑总是昏沉沉的，开着眼闭着眼却只见大前晚模糊的凄清的月色，照着我们不愿意的车辆，迟迟地向荒野里退缩。离别！怎么能叫人相信？我想着了就要发疯。这么多丝，谁能割得断？我的眼前又黑了！"

徐志摩害怕各种形式的离别，每一次离别对他来说都是一种死亡。他曾私下里对泰戈尔说过自己仍然爱着林徽因，泰戈尔也觉得两人般配，代为求情，却没有使林徽因回心转意。他们这次真的要天各一方了。

徐志摩没有时间写完，火车已经要启程了。他心下焦急，冲向站台。同行的泰戈尔的英文秘书恩厚之见他如此悲伤激动，便将他拦下，替他把信收起。

这封没有写完的信永不会被寄出。

汽笛不解离人的别意，硬是执拗地拉响了。列车缓缓驶出站台。徐志摩朝车窗外看了一眼，所有的景物都一片迷离，他觉得自己那颗心，已经永远地种在了站台上。

灯火飞快地向后退去。

就像自己无疾而终的爱情一样被岁月留在了记忆里。单凭理想和一腔热忱，确实无法与现实抵抗。"去罢，青年，去罢！悲哀付于暮天的群鸦"；从那幻梦里醒过来，"去罢，梦乡，去罢！我把幻境的玉杯摔破"。

# 绮色佳的枫情

正值七月，美国东部的枫叶才刚刚泛出些微的红色。绮色佳这座万树环绕的小城正准备迎接一年中最丰盛最风情的时节。湖光山色没有想象中热烈，反而多了几分庄重素雅。泉水从山涧中潺潺奔流而出，跌宕于岩石之间，形成精巧的瀑布。彩虹在水雾间若隐如现，与红树碧水一起环抱着康奈尔大学。

绮色佳小城居民 10000 人，其中有 6000 人是康大学子。

1924 年 6 月，20 岁的林徽因和 23 岁的梁思成共同赴美，前往康奈尔大学读预科班，为正式读大学做准备，7 月 7 日抵达学校报到。同行的还有梁思成的弟弟梁思永。

康奈尔大学校园夹在两道峡谷之间，三面环山，一面是水光潋滟的卡尤噶湖。康大的建筑多为奶黄和瓦灰，很是素净。这是一座田园牧歌式的大学城。

刚刚放下行李，他们就立刻办理入学手续。Summer school 从今天正式开课，他们已经迟了一天了。报名、缴费、选课……忙碌了好半天才办妥当。林徽因选择了户外写生、高等代数等课程，梁思成则将要学习三角、水彩静物和户外写生。

除了梁思永，一同来康大就读的还有梁思成在清华的好友兼室友陈植。

林徽因喜欢这里的山光水色。这里的美有一种中国山水画的意境，再加之主观的感情渲染，引发了她若有似无的乡恋。这样的美丽陶醉着他们，西方式教学的开

梁思成（左一）、林徽因（左三）在美国留影。

放创新也使他们如鱼得水。每天清早，梁思成和林徽因携着画具，伴着鸟鸣去野外感受大自然生动的色彩，心灵得到前所未有的自由的释放。每一天都有不一样的新收获。

最吸引他们的还是康大的校友会。校友会是一栋淡黄色的雅致建筑，大厅里挂着康大从成立以来历任校长的肖像油画。栗色的长桌上，陈列着每一届毕业生的名册，记录了他们在学术和社会贡献上的成就以及对母校的慷慨回馈。毕业生和在校生捐赠的桌椅等物品都刻着捐赠者的名字。

他们在校友会结识了许多新朋友，大家经常聚在一起畅谈理想，讨论人生观，放松时办舞会，生活比国内充实快乐了许多。他们非常珍惜这段生活，因为再过两个月，他们就要按照计划动身去宾夕法尼亚大学攻读建筑专业。这里的每一天，每一分钟都值得用心体会。

但是，新鲜的异国学习生活并不能搬走他们心里压着的那块石

头。因泰戈尔访华崭露头角的林徽因，非但没有改变李夫人的偏见，反而更让她不满。李夫人本就不赞同梁、林两家联姻，从这时候起就更加反对。梁思成常常收到大姐梁思顺的信，心中对林徽因责难有加。特别是最近的一封，大姐说母亲重病，也许至死都不会接受徽因做梁家的儿媳妇。

林徽因知道以后非常伤心，梁思成也很焦急，不知道怎么安慰她。徽因无法忍受李夫人和大姐的种种非难，更无法忍受的是他人对她的品行的质疑和独立人格的干预。于是她对梁思成说，summer school 的课程结束后她不准备和他一起去宾大了。她要留在康奈尔，她需要这里恬静的景致和生活为自己疗伤。听到恋人这么说，梁思成的情绪更加低落，很快消瘦下去。他给大姐写信说：感觉做错多少事，就受到多少惩罚，非受完了不会转过来。这是宇宙间唯一的真理，佛教说"业"和"报"就是这个真理。

此时此刻，远在北京独自伤心的徐志摩忽然收到林徽因的一封来信。那信很短，只说希望能收到他的回信。不用写什么，报个平安也好。

徐志摩已经冷却的希望又被点燃了。他生怕写信太慢，连忙跑到邮局发了一封加急电报给林徽因。从邮局回到石虎胡同，徐志摩一路被兴奋和喜悦包围着。红鼻子老塞拉住他喝酒，喝到半酣，他猛然想起什么，放下酒杯，再次跑到邮局。当他把拟好的电稿交给营业室的老头时，老人看了看笑了："你刚才不是拍过这样一封电报了吗？"徐志摩这才反应过来，不好意思地笑笑。确实，他刚才已经发过一遍了。

回到寓所，抑制不住激动心情的徐志摩备好纸笔，他要立刻给林徽因去一封信。谁承想信没写成，一首诗却满篇云霞地落在纸上。

啊，果然有今天，就不算如愿，

她这"我求你"也够可怜！

"我求你"，她信上说，"我的朋友，

给我一个快电，单说你平安，

多少也叫我心宽。"叫她心宽！

扯来她忘不了的还是我——我

虽则她的傲气从不肯认服；

害得我多苦，这几年叫痛苦

带住了我，像磨面似的尽磨！

还不快发电去，傻子，说太显——

或许不便，但也不妨占一点

颜色，叫她明白我不曾改变，
咳何止，这炉火更旺似从前！
我已经靠在发电处的窗前，
震震的手写来震震的情电，
递给收电的那位先生，问这
该多少钱，但他看了看电文，
又看我一眼，迟疑地说："先生
您没重打吧？方才半点钟前，
有一位年轻的先生也来发电，
那地址，那人名，全跟这一样，
还有那电文，我记得对，我想，
也是这……先生，你明白，反正
意思相似，就这签名不一样！"——
"呃！是吗？噢，可不是，我真是昏！
发了又重发；拿回吧！劳驾，先生。"——

当这首诗寄到绮色佳的时候，林徽因已经在医院的病床上躺了好几天了。她发着高烧，分不清是梦里还是醒着，是幻觉还是真实。她一会儿感觉自己躺在冰冷的山谷里，周围没有花朵，没有清泉，黑夜像一只怪兽的大嘴吞噬着她，又像一只沉重的大钟扣在她的头顶。一会儿又漂流在茫茫然的海上，望不到尽头的海，鱼儿在天空游着，飞鸟掠过海底，海浪摇晃着她疲倦的身体，越来越厉害，她感到头晕目眩……不行，不敢睁开眼睛，那太阳就在离她很近很近的地方，一定会被灼伤瞳孔……

当她终于张开双目的时候，看到的是淡金色的阳光洒在窗帘上，温暖却不刺眼。她艰难地动了一下，稍稍转过头，床头有一束新鲜的花，刚刚从山野采来的花，露水还未来得及蒸发掉，在花瓣上晶莹闪烁着。

一只手轻轻放在她的额头上。她听到梁思成如释重负的声音："烧总算退了一点儿，谢天谢地。"

林徽因看向梁思成，见他双眼通红，笑容疲惫，面色十分难看，心里就有了不好的预感。

勉强吃了点东西，林徽因总算觉得好了些。梁思成扶着她坐起来，从口袋里掏出一封电报给她看：母病危重，速归。

1922 年，李夫人在马尼拉做了癌切除手术，当时姐夫周希哲任菲律宾使馆总领事，大姐一家住在那里，夏天父亲梁启超派梁思成到马尼拉把母亲接回天津。此时林徽因知道李夫人的病已到晚期，日子不能长久了。她焦急地问："你准备什么时候起程？"

梁思成说他已经往家里拍了电报，说不回去了。

林徽因住院的那段时间，梁思成每天早晨采一束带露的鲜花，骑上摩托车，准时赶到医院。每天的一束鲜花，让她看到了生命不断变化着的色彩。一连许多天，她整个的心腌渍在这浓得化不开的颜色里。

当他们结束了 summer school 的课程，准备一同前往宾夕法尼亚大学时，绮色佳漫山遍野的枫叶正如火一般燃烧着……

## 筑梦宾大

日子又回到了往日的平静，两片流云短暂交会后，飘向不同的方向。同在一片天空，自会有难免的交集，但分离之后能换来长久的安稳亦是值得。离别并非只会带来永无休止的牵挂和痛苦，人事万物自有它的去处，况且还有那么多至美的梦等着你我去营造。咖啡虽不是纯粹的甘甜，你沉浸于浓郁的芬芳，亦会忘记那最初的苦涩。

林徽因宾大学生证照片。

宾夕法尼亚州别名"拱顶石"，是美国东部的工业大州。首府费城坐落在特拉华额丘尔基尔两条河流涨潮时的交汇处。这里曾是美利坚合众国的第一个首都所在地。从丘尔基尔河开始，是费城的西城，闻名全球的宾夕法尼亚大学就建在河的西岸。

成立于 18 世纪的宾夕法尼亚大学属于常春藤大学联盟，是一间以浓厚的学术氛围闻名的大学，历任校长思想活跃，研究院办得也很出色。梁思成就读的建筑学研究院就是宾大的招牌研究院之一。法国建筑师保尔 P. 克雷（1876 ~ 1945）在那里主持建筑学研究院的教学工作。克雷 1896 年进入巴黎美院就读，接受了建筑、建筑史及简洁漂亮的透视图的强化训练。此时克雷已经在建筑和数学方面崭露头角。他的设计包括华盛顿泛美联盟大厦、联邦储备局大厦和底特律美术学校等有名的建筑，充分显示了他的才华和实力。

宾夕法尼亚大学与德克莱赛尔大学比邻而建，与哈佛大学、斯坦福大学并列全美最好的三所大学。

9 月，梁思成和林徽因结束康奈尔的 summer school，一同前往宾大正式读大学。梁思成很快便入读了建筑学研究院。但林徽因却得到一个令人沮丧的消息，建筑系不招收女生。校方给出的解释是：建筑系学生经常需要熬夜画图，一个女孩子处在这样的环境中比较危险。林徽因只好"曲线救国"，和美国女学生一样去读美术系，注册的是戏剧学院舞台美术设计专业，辅修建筑系的主要课程。

这样，林徽因和梁思成就成了同窗，一起上课，一起完成设计作业。没课的时候，林徽因、梁思成就会约上早一年到宾大的陈植，去校外郊游散步。兴致好的时候，他们便坐了车子到蒙哥马利、切斯特和葛底斯堡等郊县去，看福谷和白兰地韦恩战场，拉德诺狩猎场和长木公园。林徽因和梁思成对那里的盖顶桥梁很感兴趣，总是流连忘返，陈植却醉心于那连绵起伏、和平宁静的田园。有时三个人也会去逛逛集贸市场。在农家的小摊上，总能买到各种新鲜的水果和蔬菜，林徽因喜欢吃油炸燕麦包，梁思成却喜欢黎巴嫩香肠和瑞士干奶酪，陈植说他什么也吃不惯，只是喜欢独具风味的史密尔开斯。劳逸结合，求学生活过得倒也惬意。

林徽因漂洋过海来到美国追求自己的建筑梦，只因为性别就被轻飘飘地拒之门外，要强的她怎么会就此甘心？她的倔强和才华注定不会令她埋没于人。她只是一个建筑系的旁听生，却和其他正式的学生一样认真地上课，交作业，交报告，她的成绩不是第一也是第二。她和梁思成共同完成的建筑图给当时一位年轻的讲师约翰哈贝逊留下了极深的印象。后来哈贝逊成为著名的建筑师，还能回忆起那份"棒极了"的作业。

天道酬勤，林徽因很快得到了应得到的回报。从 1926 年春季开始，她就成了建筑设计的业余助教；在 1926～1927 学年又升为该专业的业余教师。

林徽因的厉害之处在于，不仅仅靠着勤奋和天赋得到学业上的成功，同时也能拥有良好的人际关系而绝非只是个两耳不闻窗外事的书呆子。那个时候，美国的学生戏称中国来的留学生做"拳匪学生"，因为他们非常刻板和死硬，只会埋头死读书，极少交际，只有林徽因和陈植例外。林徽因外表美丽，能讲很棒的英文，活泼健谈，走到哪里都是焦点，大家都喜欢跟她做朋友。陈植常在大学合唱俱乐部里唱歌，大方幽默，也是最受欢迎的男生。

与他们相反，梁思成是一个严肃用功的学生。而林徽因在学业上也和人际关系上一样，思维活跃富于创造性。她常常是先画一张草图，随后又多次修改，甚至丢弃。当交图期限快到的时候，还是梁思成参加进来，以他那准确、漂亮的绘图功夫，把林徽因绘制的乱七八糟的草图，变成一张清楚而整齐的作品。

1926 年 1 月 17 日，一个美国同学比林斯给她的家乡《蒙塔纳

人间四月天的刹那芳华 林徽因

报》写了一篇访问记，记录了林徽因在宾大的学习生活：

她坐在靠近窗户能够俯视校园中一条小径的椅子上，俯身向一张绘图桌，她那瘦削的身影匍匐在那巨大的建筑习题上，当它同其他三十到四十张习题一起挂在巨大的判分室的墙上时，将会获得很高的奖赏。这样说并非捕风捉影，因为她的作业总是得到最高的分数或是偶尔得第二。她不苟言笑，幽默而谦逊，从不把自己的成就挂在嘴边。

"我曾跟着父亲走遍了欧洲。在旅途中我第一次产生了学习建筑的梦想。现代西方的古典建筑启发了我，使我充满了要带一些回国的欲望。我们需要一种能使建筑物数百年不朽的良好建筑理论。

"然后我就在英国上了中学。英国女孩子并不像美国女孩子那样一上来就这么友好。她们的传统似乎使得她们变得那么不自然的矜持。"

"对于美国女孩子——那些小野鸭子们你怎么看？"

回答是轻轻一笑。她的面颊上显现出一对色彩美妙的、浅浅的酒窝。细细的眉毛抬向她那严格按照女大学生式样梳成的云鬓。

"开始我的姑姑阿姨们不肯让我到美国来。她们怕那些小野鸭子，也怕我受她们的影响，也变成像她们一样。我得承认刚开始的时候我认为她们很傻，但是后来当你已看透了表面的时候，你就会发现她们是世界上最好的伴侣。在中国一个女孩子的价值完全取决于她的家庭。而在这里，有一种我所喜欢的民主精神。"

可能是因为林徽因那太过早熟、压抑的童年，让她能在这个自由的环境里感受到更大的快乐和放松。这一株青春的树终于可以肆无忌惮地碰触阳光了。这里的氛围是明朗的，同窗好友充满朝气的笑声让人愈发感到年轻的活力。她可以大声地讲笑话，开心地笑闹，没有人会干涉她。严格的父亲，愤愤不平的母亲，畸形的家庭关系……这些纠缠她多年的束缚终于解开了。在这个新世界，每个人都心无芥蒂地喜欢着她。虽然功课繁重，但她仍然可以和同学看戏、跳舞、聚会。她加入了"中华戏剧改进社"，生活看起来真是好极了。

可是作为林徽因的男朋友，准确说是未婚夫，梁思成可是有点介意了。自己的女朋友是这么耀眼又这么美丽，欢喜之余有着同样多的担心。她对所有人都那么友好，包括对着各式各样的仰慕者也不吝甜美的笑容。林徽因的长袖善舞让梁思成坐立不安。他在学业上比起林徽因毫不逊色，甚至更加优秀。他在大学里曾获得过两个建筑设计方面的金奖，但他觉得这样还不够，距离他的理想还差很远的距离。他写信给父亲坦白自己在学业上的迷茫和失落，梁启超回信鼓励他"但问耕耘，莫问收获"。他用的功不比林徽因少，成绩不比她差，但在性格上没有那么外放，总给人严肃的感觉。更重要的是，她是将要和他共度一生的人，难道不应该在交往上收敛一点么？难道不应该凡事征求一下他的意见么？但是女友似乎更愿意自由自在地做她的"菲利斯"，而把"梁夫人"丢在了一边。

这对日后携手为中国的建筑学研究做出重大贡献的年轻恋人，也像所有的小情侣一样有着这样那样的矛盾，为一些小事情争执不休。事实证明梁启超推迟孩子们的婚期的决定是对的，他们必须经过充分的了解、磨合，才能更理智地面对婚姻。不意百炼钢，化作

绕指柔。两人在依恋、争吵、
怀疑的轮回中找到了平衡之道，
这也是后来他们几十年稳固婚姻的
基础。

虽然有着不可避免的龃龉，林徽因和梁思成在宾大的大部分时间还是充实快乐的。他们常常会去博物馆，宾夕法尼亚大学博物馆规模不大，但名声颇不小，且离建筑系很近，不上课的时候，林徽因便拉了梁思成去那里转转。博物馆里珍藏着来自全世界各个国家的珍贵文物，唐太宗陵墓的六骏中的两骏"飒露紫"和"拳毛䯄"竟也被放在这里。

六骏原是唐太宗李世民在创建唐王朝的各次征战中的坐骑，贞观十年（公元 636 年），天下大定，李世民命画家阎立本绘制其所骑骏马图，并分别雕刻在六块高 1.7 米、宽 2 米左右长方形石灰岩上。每块石灰岩的右上角刻有马的名字，注明此马是李世民对谁作战时所乘用的，并刻有李世民的评语。这些石雕原本存于昭陵，帝国主义入侵我国，这两骏被盗至美国费城大学博物馆。林徽因曾在昭陵见过的四骏的名字是："青骓""什伐赤""特勒骠""白蹄乌"。她曾惊奇于这艺术品的细腻和气派，一匹匹石马或奔跑，或站立，栩栩如生，仿佛看到它们在万里征尘之中飞扬的长鬃，仿佛听到它们在关山冰河之中划破长天的嘶鸣。她没有想到，它们中的两匹，竟孤独地远渡重洋，遗失在异国他乡，同她在这里邂逅。

梁思成主业虽然是建筑，但他在音乐和绘画方面都有很好的

在宾夕法尼亚大学读书时的林徽因与梁思成。

修养。他在宾大的第一件设计作品便是给林徽因做了面仿古铜镜。那是用一个现代的圆玻璃镜面，镶嵌在仿古铜镜里合成的。铜镜正中刻着两个云冈石窟中的飞天浮雕，飞天的外围是一圈卷草花纹，花环与飞天组合成完美的圆形图案，图案中间刻着：徽因自鉴之用，思成自镌并铸喻其晶莹不珏也。

林徽因不由得赞叹梁思成的绝妙手艺："这件假古董简直可以乱真啦！"

梁思成说："做好以后，我拿去让美术系研究东方美术史的教授，鉴定这个镜子的年代，他不懂中文，翻过来正过去看了半天，说从来没见过这么厚的铜镜，从图案看，好像是北魏的，可这上面的文字又不像，最后我告诉教授，这是我的手艺。教授大笑，连说："Hey！ Mischievousimp（淘气包）！"

林徽因被逗得大笑起来。

但生活总是有笑有泪。入校不到一个月，梁思成就接到了李夫人病逝的电报。但是考虑到孩子们刚刚安顿下来，梁启超几次三番致电叮嘱梁思成不必回国奔丧，只梁思永一人回去便可。梁思成身为家中长子，母亲重病期间别说床前尽孝，就连去世也没法子回去见最后一面，这如何能不让他悔恨交加？林徽因看着他伤心欲绝的模样，知道现在说什么都没有用，她能做的就是陪在他身边用沉默安慰他，表达自己的关切。两人在校园后面的山坡上做了简单的祭奠，梁思成流着泪烧了写给母亲的祭文。林徽因采来鲜花和草叶，编织了一个精巧的花环，挂在松枝上，朝着家乡的方向。

丧母的悲痛还未完全平复，又一个晴天霹雳炸响了。这次痛失至亲的变成了林徽因。15个月后，梁启超从国内来信，告知林徽因的父亲林长民在反奉战争中身亡。

林徽因再一次病倒了，比在康大时的那次要严重得多。梁思成每天陪伴在她身边，徽因吃不下饭的时候，他就去学校的餐馆烧了鸡汤，一勺一勺喂她。林徽因每天处在恍惚的精神状态里。她远离家乡，被病痛困扰着，可是身体上的难过也抵不过巨大的悲绝。她哀悼为理想献出生命的父亲，又挂念着年迈多病的母亲，挂念着几个幼小的弟弟，她知道父亲身后没有多少积蓄，一家人的生计将无法维持。她执意要回国，无奈梁启超频频电函阻止，说是福建匪祸迭起，交通阻隔，会出意外，加之徽因已完全被这突如其来的噩耗所击倒，再也没有力气站立起来。

林徽因望着窗外肆意燃烧着的云霞。她感到那冰冷的火焰慢慢变成绳索，在慢慢地扼住她的咽喉。

那是命运的绳索。

## 我愿意

走过那段多梦的青春岁月，人的肩上便多了一份责任，思想自然也更加理性。爱亦不再轻浮，而是稳重深沉。只有爱做梦的年少之人才会认为诗情画意就可过一生。他们不知道现实的艰辛，不知道你侬我侬只是点缀而非生活的全部。

每个人都有做梦的资格，但错过了做梦的年龄，再想要肆无忌惮就要付出代价。林徽因即是选择清醒，便毅然与梦作别。同时代有那么多的女性为了爱情换得一身致命伤，唯独林徽因没有那些悲绝的回忆。

湿润清爽的西太平洋季风温柔地吹拂着。针叶林将三月的落矶山麓蒙上一层漫不经意的灰色。大概是由于春季越走越近，这灰色并不萧条，渥太华浸染在这片独特的温暖中。

中国驻加拿大总领事馆此刻庄重圣洁宛如天使庇护的古老教堂。林徽因穿着自己设计的嫁衣——一件具有中国传统风格的"凤冠霞帔"，领口和袖口都配有宽边彩条，头戴装饰有嵌珠、左右垂着两条彩缎的头饰。与她并肩而立的梁思成一身简洁庄重的黑色西装，端正的面孔更加神采飞扬。

这天是 1928 年 3 月 21 日。林徽因、梁思成之所以选择在这一天举行婚礼，是为了纪念宋代建筑家李诫。

1927 年 9 月，林徽因结束了宾夕法尼亚大学的学业，获美术学士学位，4 年学业 3 年完成，转入耶鲁大学戏剧学院，在 C.P. 贝克教授的工作室，学习舞台美术半年，成为我国第一位在国外学习舞美的学生。这年 2 月，梁思成也完成了宾大课程，获建筑学士学位，为研究东方建筑，转入哈佛大学研究生院，半年之后，他获得了建筑学硕士学位。1928 年 2 月，他们各自完成了自己的学业。

　　1926 年 10 月 4 日，梁启超给林徽因和梁思成写信说：

　　昨天我做了一件极不情愿做之事，去替徐志摩证婚。他的新妇是王赓夫人，与志摩恋爱上，才和赓离婚，实在是不道德之极。我屡次告诫志摩而无效，胡适之、张彭春苦苦为他说情，到底以姑息志摩之故，卒徇其请。我在礼堂演说一篇训词，大大教训一番，新人及满堂宾客无不失色，此恐是中外古今以来所未闻之婚礼矣。徐志摩这个人其实很聪明，我爱他，不过这次看着他陷于灭顶，还想救他出来，我也有一番苦心，老朋友们对他这番举动无不深恶痛绝，我想他若从此见摈于社会，固然自作自受，无可怨恨，但觉得这个人太可惜了，或者竟弄到自杀。我又看着他找得这样一个人做伴侣，怕他将来痛苦更无限，所以对于那个人当头一棍，盼望他能有觉悟（但恐更难），免得将来把志摩弄死，但恐不过我极痴的婆心便了。

　　梁思成读完信，不自觉地松下一口气。关于徐志摩一直不死心地追求林徽因这件事他是清楚的。林徽因是个大方坦诚的女孩，对她和徐志摩之间的事情从未隐瞒，只当他是他们共同的朋友。三人之间的关系往简单了说也没什么好担心的，徐志摩是徽因父亲的好友，是梁思成父亲的学生。但是梁思成自认沉稳儒雅有余却温柔浪漫不足，诗人的才情也令他感到一丝不安。现在这个"定时炸弹"总算解除警戒，怎么说都是件好事。至于父亲担心陆小曼伤害徐志摩，恐怕是多虑了。梁思成见过这位京城名媛，并不是传说中的交际花做派，而是个温婉庄重的大家闺秀。如今竟然有勇气离婚也要和徐志摩携手，倒也令人生出几分敬佩。

　　林徽因放下信纸，心中五味杂陈，竟然不知道是喜悦还是失落。她和陆小曼交情很浅，仅仅限于新月社的活动。她们都知道彼此不是同道中人。陆小曼是京城最光艳的景，她是柔媚的，举手投足间尽是女性极致的风情；林徽因则是率直的，棱角分明的。陆小曼若是一幅氤氲的江南水墨画，林徽因就是浓墨重彩的油画。令人惊异的是，在陆小曼风情娇媚的外表下，竟然隐藏着如此叛逆、果敢、热烈的灵魂。这一点林徽因自叹不如。

梁思成、林徽因结婚照。

或许是因为自己喜欢徐志摩不够多吧？她替她爱了这个人，就算是火坑也毫不犹豫地跳下去。是不是该祝福她呢？自己到底是怅然还是欣慰呢？果然时间是能带走一切的。或许对于林徽因来说，徐志摩和陆小曼的结合能让她更安心地嫁给梁思成吧？她不必再为了无法回应他的追求而感到愧疚不安，亦能与徐志摩做一生的知己。双方都给灵魂找到了归宿，再无须惧怕不可预测，或许将是颠沛流离的人生路。

在与梁思成相伴的几年里，她失去了父亲，他没有了母亲。他们共同面对了痛失至亲的悲伤，紧握双手支撑着彼此。正是这些风风雨雨巩固了他们的感情基础，是时候建立一个共同生活的家庭了。

梁思成、林徽因正式订婚是在1927年12月18日。订婚仪式在北京的家里按照传统礼仪举办。林徽因因为父亲过世，由姑父卓君庸履行仪式。梁启超在致女儿思顺信中，言其行文定礼极盛：

这几天家里忙着为思成行文定礼，已定于（1927年12月）十八日在京寓举行，因婚礼十有八九是在美举行，所以此次行文定礼特别庄严慎重些。晨起谒祖告聘，男女两家皆用全帖遍拜长亲，午间大宴，晚间家族欢宴。我本拟是日入京，但（一）因京中近日风潮正来，（二）因养病正见效，入京数日，起居饮食不能如法，恐或再发旧病，故二叔及王姨皆极力主张我勿往，一切由二叔代为执行，也是一样的。今将告庙文写寄，可由思成保藏之作纪念。

聘物我家用玉佩两方，一红一绿，林家初时拟用一玉印，后闻我家用双佩，他家中也用双印，但因刻玉好手难得，故暂且不刻，完其太璞。礼毕拟两家聘物汇寄坎京，备结婚时佩带，惟物品太贵重，深恐失落，届时当与邮局及海关交涉，看能否确实担保，若不能，即仍留两家家长，结婚后归来，乃授与保存。

梁启超大小事情亲力亲为，从聘礼的红绿庚帖，到大媒人选的择定，甚至买一件交聘的玉器，从选料到玉牌孔眼的大小方圆，都考虑得面面俱到。这些烦琐的事情，虽然让他劳累不堪，但他心里却有难以掩饰的高兴。几天后又给儿子寄去一封信：

这几天为你们的聘礼，我精神上非常愉快，你想从抱在怀里"小不点点"，一个孩子盼到成人，品性学问都还算有出息，眼看着就要缔结美满的婚姻，而且不久就要返国，回到怀里，如何不高兴呢？今天的北京家里典礼极庄严热闹，天津也相当的小小点缀，我和弟妹们极快乐地玩了半天。想起你妈妈不能小待数年，看见今日，不免有些伤感，但她脱离尘恼，在彼岸上一定是含笑的。除在北京由二叔正式告庙外，今晨已命达达等在神位前默祷达此诚意。

我主张你们在坎京行礼，你们意思如何？我想没有比这样再好的了。你们在美国两个小孩子自己确实张罗不来，且总觉得太草率，有姐姐代你们请些客，还在中国官署内行谒祖礼（礼还是在教堂内好），才庄严像个体统。

婚礼只在庄严不要侈靡，衣服首饰之类，只要相当过得去便够，一切都等回家再行补办，宁可节省点钱作旅行费。

曾经因为受母亲影响对林徽因有成见的梁思顺现在高高兴兴地成了婚礼的操办人。她的丈夫正担任中国驻加拿大总领事。于是他们没有按照梁启超的意思在教堂结婚，而是把仪式地点改到了领事馆。

婚礼开始了。

周希哲担任了牧师的角色。他身穿笔挺的正装，向前跨了一步，庄重地说："你们即将经过上帝的圣言所允许，而结为夫妇，上帝必然在你心中向你说，每个灵魂对另一个灵魂，都是他神圣的圣地。

人的心灵有他的安息与喜庆日，你们的婚礼与欢乐世界一般，都是曲曲恋歌。爱，作为动机与奖赏，是无处不在的，你们不要亵渎上帝的荣耀。爱是崇高的语言，它与上帝同义。"然后他转向一对新人，说："现在我要求你们，在一切心灵的秘密都要宣布出来之时，你们需要回答——"面对梁思成："你愿意娶这个姑娘做你正式的妻子，爱她并珍惜她，无论贫富或疾病，至死不渝？"

"我愿意！"梁思成朗声说道。

"你愿意接受这个男人为夫，爱他并珍惜他，无论贫富和疾病，至死不渝？"

"我愿意。"林徽因轻声回答。

梁思成把一枚镶嵌着孔雀蓝宝石的戒指，戴在林徽因左手的无名指上。他温文尔雅地亲吻了他的新婚妻子。

站在傧相席位上的梁思顺，眼里激动地流出泪水。李夫人去世后，梁启超不间断地写信给大女儿，弥合她与未来儿媳之间的感情。梁思顺也慢慢冰释了思想上的芥蒂。今次在婚礼上见到林徽因，觉得她又有了些许变化，出落得更加美丽大方，气质不凡。梁思顺觉得，父亲果然眼光不错，弟弟有了这样一个好的伴侣，这一生幸福就有望了。

这次婚礼的费用，也都是梁思顺筹措的。在中国领事馆，她和周希哲还为林徽因、梁思成张罗了几桌丰盛的婚宴。这对小夫妻也欢欢喜喜给姐姐、姐夫行了三鞠躬。

第二天，参加婚礼的记者把梁思成和林徽因的结婚照作为头条登在报纸上，林徽因东方式的美丽在当地刮起一阵小小的旋风。

二人完婚后，就要按照梁启超的安排周游南欧。梁启超为此做了详细的筹划：

你们由欧归国行程，我也盘算到了。头一件我反对由西伯利亚回来，因为……没有什么可看，而且入境出境，都有种种意外危险，你们最主要的目的是游南欧，从南欧折回俄京搭火车也太不经济，想省钱也许要多花钱。我替你们打算，到英国后折往瑞典、挪威一行，因北欧极有特色，市政亦极严整有新意（新造之市，建筑上最有意思却为南美诸国，可惜力量不能供此游，次则北欧特可观。）必须一往。由是入德国，除几个古都市外，莱茵河畔著名堡垒最好能参观一二，回头折入瑞士，看些天然之美，再入意大利，多耽搁些日子，把文艺复兴时代的美，彻底研究了解。最后便回到法国，在马赛上船，中间最好能腾出点时间和金钱到土耳其一行，看看宗教建筑和美术，附带着看土耳其革命后政治。

林徽因呼吸着温哥华三月的空气，沐浴着玫瑰花雨，她看了一下身旁俊朗的丈夫，由衷地微笑了。

九泉之下的父亲，我知道你一定会为女儿祝福的。我一定会幸福，一定要幸福。

# 罗曼归途

　　总有一个人会令你甘愿舍弃自由不再流浪，不管行至何处，有他在的地方便是至高无上的乐园。从此有了一个人携手并肩，便不会再怕任何苦难。

　　最好的爱情大抵接近友情，一起工作、游玩和成长，共同分担两个人的责任、报酬和权利，帮助对方追求自我意识，同时又因为共同的给予、分享、信任和互爱而合为一体。

梁思成、林徽因新婚时。

　　即使对方不在身边，只要想到那个人，就会感到幸福；哪怕正处于悲伤之中，也会变得坚强。和那个人在一起时，就能展现出真正的自我。能够遇到那个交换着信任、热情和梦想的人，无论之前要走过多少弯路，相信有那样一个人在等待着自己，就一定会到达那个两个人一起憧憬着的地方。

　　仲春的伦敦表情温柔。泰晤士河水静静流淌，岸边的建筑物被阳光洗刷得生机盎然，仿佛也有了生命。圣保罗大教堂穿一身灰色法衣，傲然立于泰晤士河畔，沉默而坚韧。它是岁月的守望者，沉郁的钟声只让浪漫的水手和虔诚的拜谒者感动。

这是林徽因梁思成新婚旅行的第一站。按照梁启超的安排，他们这趟旅行主要是考察古建筑，圣保罗大教堂是他们瞩目的第一座圣殿。

伦敦之于林徽因，是故地重游，自然倍感亲切。对梁思成来说这里的一切则是陌生的，正因为陌生，乐趣和向往反而加倍。

圣保罗大教堂是一座比较成熟的文艺复兴建筑。高大的穹窿呈碟状形，加之两层楹廊，看上去典雅庄重，整个布局完美和谐，在这里，中世纪的建筑语言几乎完全消失，全部造型生动地反映出文艺复兴建筑文化的特质。这座教堂的设计者是18世纪著名建筑师克里斯托弗仑，埋葬着曾经打败拿破仑的威灵顿公爵和战功赫赫的海军大将纳尔逊的遗骨。

梁思成和林徽因走在雕刻着圣保罗旧主生平的山墙下。

梁思成问："你从泰晤士河上看这座教堂，有什么感觉？"

林徽因说："我想起了歌德的一首诗：它像一棵崇高浓荫广覆的上帝之树，腾空而起，它有成千枝干，万百细梢，叶片像海洋中的

圣保罗大教堂。

沙，它把上帝——它的主人——的光荣向周围的人们诉说。直到细枝末节，都经过剪裁，一切于整体适合。看呀，这建筑物坚实地屹立在大地上，却又遨游太空。它们雕镂得多么纤细呀，却又永固不朽。"

梁思成也赞叹道："我一眼就看出，它并非一座人世间建筑，它是人与上帝对话的地方，它像一个传教士，也会让人联想起《圣经》里救世的方舟。"

伦敦的建筑大多典雅华美，不论是富有东方情调的铸铁建筑布莱顿皇家别墅，别具古典内涵的英国议会大厦，都让他们陶醉在这座文化名城浓厚的艺术氛围中。他们最倾心的是海德公园的水晶宫。这是一座铁架建构，全部玻璃面材的新建筑，摈弃了传统的建筑形式和装饰，展示着新材料、新技术的优势。他们选择在夜晚去到那里，水晶宫里灯火辉煌，玲珑剔透，人置身其间，如同身处安徒生笔下的海王的宫殿，许多慕名一睹为快的参观者，都发出了阵阵感叹之声。

林徽因在日记本上写道："从这座建筑，我看到了引发起新的、时代的审美观念最初的心理原因，这个时代里存在着一种新的精神。新的建筑，必须具有共生的美学基础。水晶宫是一个大变革时代的标志。"

易北河笼罩在一片蒙蒙烟雨中。两岸的橡树和柠檬轻快地舒展着，荨麻、蓟草的头发被打湿了，蔷薇和百合的脸颊闪烁着珍珠样的光泽。

梁思成和林徽因共撑一把油纸伞，挽着手臂走在石板街上。这是德国波兹坦的第一场春雨。上天好像也眷顾这对金童玉女，特别为他们的旅途增添着罗曼蒂克的气氛。

雨中的爱因斯坦天文台，像一只引颈远眺的白天鹅，展翅欲飞。

"好美啊！"林徽因不由得感叹道。

"是啊。"梁思成注视着那高贵的艺术品说，"我觉得它好像一部复调音乐。塔楼的纵向轴线，和流线型的窗户，如乐曲中的两个主题，这个建筑与巴哈的《赋格曲》真是异曲同工。"

刚到波兹坦的时候，当地建筑界的朋友就告诉他们，爱因斯坦天文台是著名建筑师门德尔松表现主义代表作，是为纪念爱因斯坦的广义相对论的诞生而设计的。这个建筑刚刚落成 8 年，爱因斯坦看了也很满意，称赞它是一个 20 世纪最伟大的建筑和造型艺术上的纪念碑。

天文台造型设计十分特别，以塔楼为主体，墙面屋顶浑然一体，线的门窗，使人想起轮船上的窗子，造成好像是由于快速运动而形成的形体上的变形，用来象征时代的动力和速度。

林徽因站在塔楼下仰望着这栋神奇的天文台的一幕，被梁思成用相机记录了下来。

随后他们前往德绍市参观了以培养建筑学家而著称的包豪斯学院刚刚落成的校舍，这是一座洋溢着现代美感的建筑群，为著名建筑师格罗皮乌斯设计，由教学楼、实习工厂和学生宿舍三部分组成。根据使用功能，组合为既分又合的群体，这样不同高低的形体组合

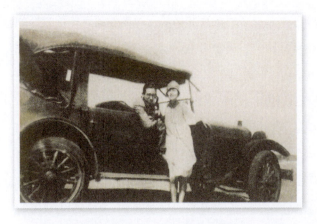

梁思成、林徽因
在欧洲旅行中。

在一起，既创造了在行进中观赏建筑群体，给人带来的时空感受，又表达了建筑物相互之间的有机联系，以不对称的形式，表达出时间和空间上的和谐性。

林徽因拿出随身携带的素描本一笔一笔地临摹起来。她觉得落在纸上的每一条线都是有生命、有意志的。

这座建筑尚且年轻，其独特的美感和研究价值尚未被更多人发现。但林徽因认为："它终有一天会蜚声世界。"一年后她到东北大学建筑系任教，专门讲了包豪斯校舍。她说："每个建筑家都应该是一个巨人，他们在智慧与感情上，必须得到均衡而协调的发展，你们来看看包豪斯校舍。"她把自己的素描图挂在黑板上，"它像一篇精练的散文那样朴实无华，它摈弃附加的装饰，注重发挥结构本身的形式美，包豪斯的现代观点，有着它永久的生命力。建筑的有机精神，是从自然的机能主义开始，艺术家观察自然现象，发现万物无我，功能协调无间，而各呈其独特之美，这便是建筑意的所在。"

他们在德国考察了很多巴洛克和洛可可时期的建筑：德累斯顿萃莹阁宫、柏林宫廷剧院、乌尔姆主教堂，与希腊雅典风格的慕尼黑城门，历时 632 年才兴建成的北欧最大的哥特式教堂——科隆主教堂。这些建筑象征的是一个民族的文化积淀。

恋恋不舍地从德国离开，他们立刻出发去瑞士。有着独特神韵的湖光山色为这个精巧的北欧国家赢得了世界公园的美誉。阿尔卑斯山巅覆盖着层层白雪，山坡上却已披上了郁郁葱葱的新装。50 多个湖泊镶嵌在国土上，倒映着大自然的鬼斧神工。莱蒙湖上成群的鹳鸟展翅追逐着，在湖面嬉闹着；湖畔稠密的矮树林里，画眉正炫耀着歌喉；绿地上的莓子刚刚吐出淡红色的花蕊。这对新婚夫妇流连于湖边菩提树下，忘记了时间。

人与自然，人与建筑，建筑与自然……这里的一切都是无比的和谐舒适。

塔诺西是他们刚到罗马时结识的新朋友。这个刚满 20 岁，金发碧眼的漂亮女孩是罗马大学建筑系的三年级生。塔诺西讲一口道地英文，听说林徽因和梁思成考察文艺复兴时期的古建筑，便热情提出给他们当向导。

塔诺西建议他们先去看拜占庭艺术。"罗马是拜占庭的故地，不了解拜占庭，就不了解文艺复兴。"她说，"在你们中国魏晋南北朝时期，而欧洲也正处在罗马帝国分裂，奴隶制正在消亡的时期。每个民族每个历史时期，都会有它独特的文化实体和艺术成就，建筑文化和艺术的价值，它的伟大与骄傲也就在这里。"

塔诺西深邃的思想引起了林徽因的兴趣,她立刻喜欢上了这个女孩子。不过梁思成想从拜占庭艺术之前的建筑看起,这个建议得到了塔诺西的响应,他们决定先去庞贝古城遗址和古罗马角斗场。一行三人乘着塔诺西借来的车子前往那不勒斯维苏威火山。

塔诺西对他们强调说:"意大利是一部世界建筑史,你们一定要多看一看。"

庞贝是一座沉睡在地下的城市。它曾经繁华过,但那是公元1世纪的事了。公元79年8月24日中午1点,这座拥有25000居民的美丽城市在一瞬间从历史上消失——沉睡了1500多年的维苏威火山突然爆发,铺天盖地的火山灰覆盖了庞贝,甚至飘到了罗马和埃及。庞贝就此成为一座废墟。

塔诺西领着两位中国朋友顺着街道参观。街道很整齐,笔直宽广,最宽处竟有10米左右。两旁的建筑多以石料堆砌建设,楼层则为木屋。他们按照塔诺西的指点,辨别出哪儿是鞋店,哪儿是成衣店,哪儿是酒馆,哪儿是银庄。中心广场的阿波罗神庙,还留着精美的石柱。许多室内还装饰着壁画,他们在一块石头上发现了一行斑驳不清的文字,塔诺西仔细辨认了一会儿,说那行字写的是"5月31日角斗士与野兽搏斗"。

林徽因被这残缺的壮美和历史的沉重感震动,感慨道:"一座城市壮烈地死去了,可是它却以顽强的精神力量延续下去,它总是带着这种精神语言流传。思成,你说是吗?"

梁思成赞同地点点头。

古罗马斗兽场。

　　而古罗马斗兽场则以一种苍凉的悲壮感震撼着他们。这座椭圆形的角斗场更像两个对接的半圆形舞台，柱子和墙身全部用大理石垒砌，总高 48.5 米，上下分为 4 层，全部用混凝土、凝灰岩、灰华石建造，虽然经过两千年的风雨剥蚀，整个结构仍然十分坚固。整个角斗场能够容纳 8 万名观众。

　　"古罗马是以武功发迹，崇武的国家，这种社会形态，也在建筑中得到了反映，整个古罗马的文化都可以在建筑中找到投影。罗马时代有好多进步的文化内容，其中有物质的，也有精神的，文艺复兴时期的建筑理论，主要受了罗马古建筑的影响。"塔诺西对林徽因说着自己的看法。

　　林徽因也表示同意："我也这么想过，罗马最伟大的纪念物是角斗场，是表现文化具体精神的东西，文艺复兴以来，与以后的建筑观念中，最重要的一个部分，就是建筑的纪念性。"

　　斗兽场在夕阳下沉默地伫立着，仿佛能背负所有的辉煌，亦能

　　人间四月天的刹那芳华　林徽因 传

承受所有的苦难。残阳如血，斗兽场的平台被染得猩红。三人盘桓着不愿离去，他们好像听到勇士与困兽搏斗的嘶吼声，罗马人的欢呼穿越时光仍然回响在风中。

塔诺西热心又尽责，她带着他们几乎跑遍了整个罗马城。她领着二人参观了卡必多山上的建筑群，马西米府邸和维晋察的圆厅别墅，这些建筑都很鲜明地表述了文艺复兴的建筑语言和文化形态，洋溢着建筑与人的亲切感。他们也没错过圣彼得大教堂和圣卡罗大教堂的庄严神圣。前者建于 17 世纪初，全部工期曾历时 120 年，是整个文艺复兴建筑中最辉煌的作品。1505 年，教皇朱里阿二世想为自己建造一座宏大的墓室，就拆掉了一座老教堂，公开征集设计方案，结果伯拉孟特十字形平面方案中选，这项设计，参照了罗马万神庙，但增加灯塔形的窗户和围廊，后来，文艺复兴时期的画家拉斐尔和米开朗琪罗又做修改方才最终定型。中央穹窿便是米开朗琪罗的遗作。

登上高达 137 米的顶点，罗马城风光尽收眼底。梁思成赞叹着："真是'会当凌绝顶，一览众山小'啊！"

塔诺西说："这座教堂是罗马全城的最高点，人们说它可与埃及的吉萨金字塔相比。"

随后，在年轻向导的建议下，他们搭火车去米兰参观世界上最大最有气魄的教堂——米兰大教堂。

米兰是意大利北部的一座小城，米兰大教堂是它闻名世界的城市坐标。远远看过去，那是一片尖塔的森林，乳白色的大理石吃了满嘴的阳光，闪烁出玉般的光泽。整整 135 座尖塔，塔上的雕像多达 3615 个，全都与真人一样大小。米兰大教堂从公元 1385 年开始建造，一直到 19 世纪才告完工，它是根据第一任米兰大公加米西佐维斯孔蒂的命令建造的，可容纳 4 万人做大弥撒。大教堂有 168 米长，59 米宽，4 排柱子分开了一座宏伟的大厅，每根柱子高约 26 米，圣坛周围支撑中央塔楼的 4 根柱子，每根高 40 米，直径达 10 米，由大块花岗石叠砌而成，外包大理石。所有的柱头上都有小龛，内置工艺精美的雕像。

林徽因欣赏着教堂的环形花窗对梁思成说："你看这玫瑰形的窗子多么神奇呵，它就像圣经中描述的永恒的玫瑰，但丁的诗中也说，玫瑰象征着极乐的灵魂，在上帝身旁放出不断的芬芳，歌颂上帝。"

梁思成说："那玫瑰的叶子，一定是代表信徒们得救的心灵。"

塔诺西笑道："它以象征和隐喻的语言说出了基督的基本精神。你们再看看那柱子上的雕刻——"

两人顺着她手指的方向望去，那些神像是工匠恶作剧的作品，故意雕得参差不齐。那些雕刻作品不是圣像，而是做弥撒的狼、对鸭子和鸡传道的狐狸，或者长着驴耳朵的神父等等。

三人一路到了水城威尼斯。这座海中之城是意大利半岛的东北隅的一座别致的画廊。威尼斯建在 118 个小岛上，外面一道沙堤隔开了亚得里亚海，穿过全城的大运河，像反写的 S，这段河道便是大街。

威尼斯人使用一种叫作"贡多拉"的摇橹小船作为交通工具。

三人入乡随俗，租了一条"贡多拉"，在花团锦簇的河道间惬意地穿行。两岸到处耸立着罗马时期的建筑。

威尼斯最负盛名的去处便是圣马可广场，拿破仑称赞这里是"最漂亮的客厅"。沿着弯弯曲曲的小巷穿过东北角门，他们走进了圣马可广场。眼前一片开阔。蓝天白云映衬着别致的建筑和高耸的尖塔，令人心旷神怡。连绵不断的券廊，把高低不同、年代不同、风格迥异的建筑，统一在一起，没有丝毫冲突之感。广场上栖息的鸽子起起落落，不时飞到游客身边盘旋着，甚至大胆地落在手中啄食。

圣马可教堂就在广场正面，修建者为《马可福音》的作者圣徒马可。这座建成于11世纪的教堂原为拜占庭式，14世纪加上了哥特式的拱门装饰，17世纪又掺入文艺复兴时期的栏杆，各种时期的建筑风格，集为大成。一座高100米，半面成方形的钟塔坐落于教堂的西南。钟塔初建于9世纪，14世纪重建，16世纪初又在塔顶建了一座天使像。教堂的左前方，是一座15世纪的钟楼，楼顶有一座巨钟，两个铜铸的敲钟人立于其旁。

河中红红绿绿燃着蜡烛的纸球灯温柔地点亮了水城之夜。两岸的窗户全部打开，不知名的乐手凭窗弹奏吉他，唱起动听的意大利民谣。威尼斯的歌女是非常出名的，她们乘坐着唱夜曲的歌船，穿着非常漂亮的彩衣，清亮的嗓音在河面飘散着。

塔诺西被这风情感染，随着节拍用英文唱起彼特拉克的《罗拉的面纱》：

水城威尼斯。

我忍心的美人呀，你说吧，

为什么总不肯揭开你的面纱？

不论晴空万里，骄阳炎炎的日子，

或是浓云密布，天空阴沉的日子；

你明明看透我的心，明明知道，

我是怎样等待着要看你的爱娇。

一条面纱竟能支配我的命运？

残忍的面纱呀，不管是冷是热，

反正都已经证明我阴暗的命运，

遮盖了我所爱的，一切的光明。

林徽因和梁思成都听得入了迷。徽因拍手称赞着："塔诺西小姐，你真了不起，你的歌声美极了。威尼斯的夜景让我想起了中国的秦淮河，桨声灯影里，歌女们怀抱着琵琶，唱杨柳岸、晓风残月。"

相逢总是短暂的。两天之后，他们在威尼斯与塔诺西依依惜别。

人间四月天的刹那芳华 林徽因

塔诺西赠给他们水城的特产——一只刻花皮夹和一个大理石小雕像作为纪念。

林徽因和梁思成从威尼斯走水路，经马赛上岸，沿罗纳河北上到达罗曼蒂克的代名词巴黎。先到中国领事馆稍事休息，第二天二人便迫不及待地去造访巴黎的宫室建筑了。

位于巴黎东南，原来称作"彼耶森林"的枫丹白露宫是他们的第一个考察对象。

法兰西国王闯入林中行猎，无意中发现这块风水宝地，遂辟为猎庄。1528 年起，法兰西一世大肆扩建，以后直到路易十五时期，历代国王均加以扩大。参加设计的，除了法国的建筑师，还有意大利的建筑师。

枫丹白露宫形态上完全是意大利文艺复兴建筑语言，但又不完全像那些无生命感的建筑，而是充满自然的情趣。法兰西一世时期，建筑师布瑞顿先后改建了奥佛尔院，增建了夏佛尔。那座很大的长方形四合院就是勃朗克院，四面均有建筑物，屋顶的老虎窗、方塔和装饰性的小山墙，构成复杂的轮廓线。

1814 年 3 月，拿破仑驾临枫丹白露，将其辟为寝宫，但他在这里只住了短短 5 天，便被迫退位。在前往流放之地厄尔巴岛之前，他在德鲁奥和贝特朗两位将军陪同下走出这座古堡，在一片静穆中向众人发表了慷慨激昂的演讲。演讲结束后拿破仑命人把鹰旗拿过来，他在帝国鹰旗上连吻了三次，低语道："亲爱的鹰啊，让你的吻声在所有的勇士心里震荡吧！"一年后，拿破仑"百日政变"，返回枫丹白露，再次在白马院重新阅兵，重整旗鼓，对欧洲的神圣同盟展开反扑。可惜终在滑铁卢一役失败被囚，死在大西洋中的圣赫勒拿岛上。

梁思成和林徽因漫步在为了见证拿破仑厄运而改名为"诀别院"的白马院，不禁感慨道："真是人事有代谢，往来成古今啊！"

从古堡出来，两人漫步在枫丹白露大森林。林徽因望着英吉利花园中迷迷蒙蒙的白露泉，问梁思成："你知道这儿为什么叫枫丹白露吗？"

梁思成说："传说那个打猎的国王，在这丢失了一条叫'白露'的爱犬，便急令士兵们去寻找，找了好久，终于在森林深处的一汪美丽的泉水边找到了它，探寻者们也迷醉于这水光山色之中，于是便把这泉水称作白露泉了。"

林徽因笑道："那是传说。你知道有一位公元 1 世纪的罗马诗人叫鲁卡纳斯的吗？他写过的史诗《法萨利亚》，对这片森林有过描述：岁月不曾侵犯，／这神圣的森林；／在浓密的树荫下，／长夜漫漫无垠……这白露，并非泉名，而是'美丽的流水'之音。"

林徽因还想去森林西边的巴比松看看那处 19 世纪农村画的发源地，梁思成不得不催促她去看卢浮宫，林徽因才恋恋不舍地离开。

坐落在塞纳河畔的卢浮宫，是号称太阳王的路易十四的王宫，也是欧洲最壮丽的宫殿之一。1204 年，菲利普奥古斯塔最先在这里建起一座城堡，1546 年法兰西一世勒令将其改建成宫殿，至亨利二世时，完成了宫殿的最初部分，直到路易十四时代，才完成其全貌。到了 17 世纪末，这个宫殿最阔气的时代已一去不复返，随着路易

十五、十六的皇权衰落，卢浮宫的功能也为之改变，后来改为国家美术馆。

古埃及的《司芬克斯》、米开朗琪罗的《奴隶》、卡尔波的《舞蹈》，还有鲁米斯的名画《玛丽美第奇画传》、穆里洛的《年轻乞丐》、伦朗的《伊丽莎白》……这些古希腊、古罗马雕塑艺术品和油画深深吸引着林徽因。最令人沉醉的当属举世瞩目的《美洛斯的维纳斯》《萨莫色雷斯的胜利女神》和《蒙娜丽莎》。

林徽因被这些顶级的艺术作品震撼得心怦怦直跳。她想起徐志摩常说的"美必须是震颤的，没有震颤就没有美"，直到这里才真真正正地体验到了。

第二天，两人又去了巴黎西南的凡尔赛宫。这座宫殿集建筑、园林、绘画之大成，集中体现了法国 17、18 世纪光辉的艺术成就。

卢浮宫。

这里原为一片沼泽和森林，有一座路易十三的猎庄，路易十四决定以此猎庄为中心，建造一座前所未有的豪华宫殿，便相继委任勒伏和孟莎担任主设计师。路易十四虽聘有一流的建筑师、造园师、画家参加营建，他仍亲临施工现场指挥，直到竣工。

古堡前的演兵场立着路易十四跃然马上的铜像。这位不可一世的皇帝曾问他的陪臣：你还记得这地方，曾看见过一座磨坊吗？——是的，陛下，磨坊已经消失了，但风照样在吹。

现在，风正静静地从水晶般的喷泉之间吹过来，在方圆数公里的大花园里播撒着玫瑰和蔷薇的幽香。

宫内有一座长达19间的大厅，这就是著名的镜厅。虽名为镜，却找不到一面镜子。转了半天，两人才发现那绿色和淡紫色的大理石柱子背面，有17面拱形的镜子，与廊柱浑然一色，难以分辨，只有阳光射进西面17扇高大的拱形窗子时，这座大厅才会陡然满壁生辉。

"这下我可知道路易十四为什么被尊为'太阳王'了。"梁思成恍然大悟。

林徽因说："太阳王不能垄断阳光，而这种宫室建筑文化和艺术，却带来了18世纪洛可可艺术的兴起，大概建筑文化和艺术的演变，跟社会结构的形态是同步着的，它们同一个信息源，在一个因果链中，你想想北京的故宫，为什么与这种建筑风格有那么多一致的地方？"

"那时中国的漆器、纺织品和瓷器大量销往欧洲，"梁思成略一沉吟，说道，"路易十五这个贪财好货的皇帝也有点艺术灵感，可能是从中受了启发。如此说来，中国人还是他们的老师呢。"

从镜廊沿梯而下便是底廊。莫里哀曾于 1664 年 5 月 14 日在这里临时搭起舞台，演出了让他称誉全球的名剧《伪君子》前三幕和《丈夫学堂》，后来，这位戏剧大师还把剧团搬出宫殿，在花园的草坪上露天表演。从平台上能遥遥地看到大运河。阳光慷慨地为水面披上一件华美的袍子，平台周围装饰着酒神等四座青铜像，台下分列两座长方形水池，石桩上卧着象征卡隆河、多尔多涅河、卢瓦雷河、卢瓦尔河、塞纳河、马恩河、索纳河和罗纳河的一些水神像。仙子和捧花的婴儿塑像，也是个个栩栩如生，典雅脱俗。这些都是雕塑大师勒格罗浮的杰作。

两人在返回领事馆的路上顺便去照相馆取回一路拍下的照片。林徽因看到冲出来的成品不禁哑然失笑，几乎所有的照片上，建筑物占据了大部分空间，人却放在小小的角落里。她佯怒地对这个蹩脚的摄影师打趣道："你这家伙，看看你的杰作，把我当成比例尺了！"

刚一到领事馆，他们便收到了梁启超发来的催促他们回北京工作的电报。

于是二人放弃了对巴黎圣母院、万神庙和雄狮凯旋门的考察计划，去西班牙、土耳其等国家的旅行也取消了。他们由水路改道旱路，从巴黎乘火车取道波恩、柏林、华沙、莫斯科，横穿西伯利亚，一路从鄂木斯克、托木斯克、伊尔库茨克、贝加尔……颠簸而至边境，转乘中国列车，经哈尔滨、沈阳抵达大连，又换乘轮船到大沽上岸，冒着倾盆大雨登上开往北京的列车。

## 白山黑水

嫁一个实在的男人，平凡生养，有一份事业加持，无须惊涛骇浪，只求现世安稳……这些女人渴望的东西，在这一年，林徽因全部拥有了。

美满的家庭让人陷落在幸福里不愿醒转，事业的成就更将林徽因的人生推向另一种极致。这一年，林徽因的生命里繁花滋长，冬季仿佛永不会来临。

只是回到现实，花期究竟会有多长？是否会有那么一天，繁花落尽君辞去，将一切交付给流水？其实谁都清楚，这世间又何来只开不落的花，何来只起不落的人生？

林徽因大抵懂得了宿命自有其安排，任何一种生活方式都有其不可逆转的规则。当初转身时难免也落寞了一阵子，只是不经历那阵痛，又怎会有今日岁月静好。

# 应聘东北大学

病中的梁启超急切地想要见到儿子和儿媳妇，他已经和他们分别四年了。他写信给还在旅途中的孩子们：

（我）在康复期中最大的快慰是收到你们的信。我真的希望你能经常告诉我你们在旅行中看到些什么（即使是明信片也好），这样我躺在床上也能旅行了。我尤其希望我的新女儿能写信给我。

……你们俩从前都有小孩子脾气，爱吵嘴，现在完全成人了，希望全变成大人样子，处处互相体贴，造成终身和睦安乐的基础。

梁启超的"新女儿"自然就是林徽因。

林徽因从小称公公"梁伯伯"。在幼年的记忆里，梁伯伯身材不高但很结实，一双明亮的眼睛，说话时到了激动处，总是眉飞色舞的模样，非常有趣。这种印象太深，以至于等到徽因长大懂事后，一时间没办法把记忆中的"梁伯伯"和名满京城、学贯中西，活跃于政坛的一代宗师联系起来。

1928年八月中旬，梁启超的儿子和新女儿回到了家。

林徽因正式成为了梁家的家庭成员。虽然梁启超一早就把她当成女儿看待，但她非常清楚自己的身份已经不同了，她不能再是那个总和梁思成耍点小脾气，总是"欺负"他的女孩子了。她要担负起为人妻为人媳的责任，不能辜负梁家的期望和丈夫的包容疼爱。

梁启超为了两人的生活琐事操心，事业上更不敢轻心。早在小两口在欧洲新婚旅行时，梁启超就为了他们的职业筹划奔忙了。他在写给儿子的信中说：

林徽因在沈阳东北大学。

所差者，以徽音（因）现在的境遇，该迎养她的娘才是正办，若你们未得职业上独立，这一点很感困难。但现在觅业之难，恐非你们意想所及料，所以我一面随时替你们打算，一面愿意你们先有这种觉悟，纵令回国一时未能得相当职业，也不必失望沮丧。失望沮丧，是我们生命上最可怕之敌，我们须终身不许它侵入。

梁启超原先的第一考虑是让儿子到清华大学任教，他请清华增设建筑图案讲座，让梁思成任教。校长不便做主，这需要学校评议会投票才可决定。当时时局混乱，南京国民政府想接管清华，1928年6月，南京国民政府大学院和外交部会同致电清华学校教务长，委派他暂代校务。在清华归属问题上，大学院与外交部之间各不相让。大学院以统一全国教育学术机构的名义接管清华，而外交部却坚持要由它来承袭北洋政府外交部对清华的管辖权力，抢先一步接管了清华的基金，拒绝大学院插足，在梁思成和林徽因游欧期间，外交部派张歆海等八人来校"查账"，以示接管了清华。第二天，大学院的特派接管人员高鲁等三人也接踵而至，声称"视察"，双方你争我夺，互不相让，各派势力，竞相逐鹿，一个校长的位子，竟有

30 多个人去争抢。

与此同时，远离京城纷争的东北大学却在积极招贤纳士。"皇姑屯事件"不久之后，张作霖死，少帅张学良主政，对东大实施改革，把原有的文、法、理、工 4 个学科，改为文学院、法学院、理学院、工学院。工学院又设建筑系，四处招聘人才，年轻的东大建筑系，成为中国首屈一指的人才库。张学良捐款 300 万元，又增建了汉卿南楼和汉卿北楼。东大新建建筑系，聘请毕业于宾夕法尼亚的杨廷宝担任系主任。但杨已经受聘于某公司，遂推荐还未归国的师弟梁思成。

东北大学前身是国立沈阳高等师范学校和公立文科专科学校，1922 年奉天省长王永江倡议筹设东北大学，并自任校长，在北陵前辟地五百余亩，依照德国柏林大学图纸建造。1923 年春季，正式成立东北大学，暑期招收第一届预科学生，分为文、法、理、工 4 科，两年毕业，可直接升大学本科。1925 年暑期，招收第一届本科学生，仍分 4 科 9 系，学制 4 年，毕业后授予学士学位。1926 年 5 月，又增设东大附属高中，分为文、理两种，毕业后经考试升入大学本科。另外还有东大夜校专修科，政法、数理专修科，招收在职公教人员。

清华悬而不决，东大求贤若渴，梁启超审时度势后，来不及征求儿子的意见，当机立断替思成作了应聘东北大学的决定。

1928 年，梁氏夫妇还在欧洲游学的时候，东北大学的聘书就寄到了梁启超手里。东大开出的待遇十分优厚，系主任梁思成月薪 800 元（亦有考证说合同中规定的月薪是 265 银圆），教员林徽因月薪 400 元，是新聘教授中薪水最高的。

梁启超慈爱细心的续弦王姨（原来是李夫人的陪嫁丫鬟）早就为他们收拾好了东四十四条北沟沿 23 号的新房，他们举行了庙见大礼，又到西山祭谒了李夫人墓。梁启超见爱子满面黑瘦、头筋涨起的风尘憔悴之色，老大不高兴。休息几天后，看到儿子脸上恢复了原来的样子，才算放下心来。林徽因的到来，给这个家庭添了许多喜气，不但博得长辈的喜欢，就连梁启超在信中屡次提到的"老白鼻"（old baby）小儿子思礼也整天粘着二哥二嫂。梁启超原本还担心在外读了几年书的思成变成阴沉的"书呆子"，现在看到儿子学问长了，活泼开朗的本性并没有磨损半分，大大放了心。

欢聚的日子总嫌不够长，东大开学的时间已经很近了。梁思成先行北上，林徽因回福建老家接到母亲和二弟林桓，把他们安顿在东北，也带了堂弟林宣到东大建筑系就读。在福州时，林徽因受到父亲创办的私立法政专科学校的热情接待，并应了当地两所中学之邀，做了《建筑与文学》和《园林建筑艺术》的演讲。

# 新风气

东北大学的开学典礼如期举行。

2000 多名师生，队伍齐整，在堡垒形的大礼堂前面的广场上站成一座森林的方阵。

鼓乐队奏起了雄浑的音乐，乐声飘卷着松涛柳浪，如大海的波涛澎湃汹涌。

校长张学良将军一身戎装，胸前披挂着金色的绶带，英气逼人，立于主席台正中，副校长刘凤竹、文科学长周守一、法科学长臧启芳、工科学长高惜冰站立两旁。

他们身后的一排是张学良亲自募聘的名流学者：数学家冯祖荀、化学家庄长恭、机械工程学家刘化洲、潘成孝、新开设的建筑系主任梁思成、美学教授林徽因和文法学院聘请的名教授吴贯因、林损、黄侃等。

东大建筑系刚刚建成时只有两名教员，有 40 多个学生，他们也和其他院系一样完全采用西式教学，大家集中在一间大教室，座席不按年级划分，每个教师带十四五个学生。

林徽因是年 24 岁，教授美学和建筑设计课。她年轻活跃，知识渊博，谈吐直爽幽默，非常受学生欢迎。她还经常把学生带到昭陵和沈阳故宫去上课，以现存的古建筑作教具，讲建筑与美的关

系。多年后，她的学生还能记起这
名初出茅庐的教授给他们上的第一
堂课。

第一次讲课，林徽因就把学生
带到沈阳故宫的大清门前，让大家
从这座宫廷建筑的外部进行感受，
然后问："你们谁能讲出最能体现这
座宫殿的美学建构在什么地方？"

学生们热烈地讨论起来，各抒
己见。有的说是崇政殿，有的说是
大政殿，有的说是迪光殿，还有的说是大清门。

梁思成、林徽因测绘沈阳北陵。

林徽因听大家发表完看法，微笑着提示说："有人注意到八旗亭
了吗？"

学生们看着毫不起眼的八旗亭，困惑地看着林徽因。

林徽因说道："它没有特殊的装潢，也没有精细的雕刻，跟这金
碧辉煌的大殿比起来，它还是简陋了些，而又分列两边，就不那么
惹人注意了，可是它的美在于整体建筑的和谐、层次的变化、主次
的分明。中国宫廷建筑的对称，是统治政体的反映，是权力的象征。
这些亭子单独看起来，与整个建筑毫不协调，可是你们从总体看，
这飞檐斗拱的抱厦，与大殿则形成了大与小、简与繁的有机整体，
如果设计了四面对称的建筑，这独具的匠心也就没有了。"

就着这个问题，林徽因给大家讲了八旗制度的创设。

她说："从大政殿到八旗亭的建筑看，它不仅布局合理，壮观和谐，而且也反映了清初共治国政的联合政体，它是中国宫廷建筑史上独具特色的一大创造。这组古代建筑还告诉我们，美，就是各部分的和谐，不仅表现为建筑形式中各相关要素的和谐，而且还表现为建筑形式和其内容的和谐。最伟大的艺术，是把最简单和最复杂的多样，变成高度的统一。"

林徽因讲课深入浅出，非常善于引导学生独立思考。在她教过的40多个学生中，走出了刘致平、刘鸿典、张镈、赵正之、陈绎勤这些日后建筑界的精英。她的学生当中还有堂弟林宣，晚年在西安冶金建筑学院担任教授。

因为刚刚建系，教学任务繁重，林徽因经常给学生补习英语，天天忙到深夜。那时她已怀孕，但她毫不顾惜自己，照样带着学生去爬东大操场后山的北陵。

沈阳的古建筑不少，清代皇陵尤其多。林徽因梁思成在教学之余忙着到处考察，落日余晖下有他们欣赏古建筑的沉寂之美的身影；他们深入建筑内部细心测量尺寸，一个个数据都详细记录在图纸上。林徽因知道，建筑不仅仅是一门科学，也是一门需要感知的艺术。建筑师不能只会欣赏城市的高楼大厦，也要经得住荒郊野外的风餐露宿。

而他们的建筑生涯，也才刚刚开始。

# 第一件设计作品

1929 年 1 月，寒假还未开始，梁思成、林徽因就接到家里的急电，说是梁启超重病入住协和医院。两人匆匆收拾了一下，即刻赶回北平。

当夫妻俩心急如焚地赶回家时，得知梁启超已经住院快一个礼拜了。

林徽因和梁思成看到病床上的父亲已宛若暮年的老人，双目黯淡，脸上没有血色，喉中痰拥，亦不能言，见到儿子、儿媳也只能用目光表示内心的宽慰。

主治医师杨继石和来华讲学的美国医生柏仑莱告诉他们：梁启超的病已不大有挽回的希望了。刚住院时因咳嗽厉害，怀疑是肺病，经 X 光透视后，却没发现肺有异常，只是在血液化验中，发现了大量的"末乃利菌"，这是一种世界罕见的病症，当时的医学文献只有三例记载，均在欧美，梁启超是第四例。灭除此菌的唯一药剂是碘酒，而任公积弱过甚，不便多用，只好靠强心剂维持生命。

梁启超曾经患有尿血症，1926 年 3 月，去协和医院检查时，医生发现右肾有一黑点，诊断为瘤。医生建议切除右肾，梁启超素来信奉西医，便听医生建议做了手术。但手术后病情没有丝毫缓解，大夫又怀疑病根在牙齿，于是连拔了八颗牙，尿血症仍不减；后又

位于天津河北区民族路的梁启超故居。

怀疑病根在饮食，梁启超被饿了好几天，仍无丝毫好转。医生只得宣布"无理由之出血症"。梁启超是名人，更重要的是当时西医刚刚引进中国，推崇之人极少，本就存在中医西医孰优孰劣的争论。两相叠加，梁启超的手术就引起许多口水战。一时间舆论大作，对西医的谴责和质疑占了大部分。

反对西医科学的声音甚嚣尘上，梁启超公开为西医辩护，文章最后特别声明："我们不能因为现代人科学知识还幼稚，便根本怀疑到科学这样东西。"

那么，梁启超真的认为协和医院的诊治是完全正确的吗？答案是否定的。他对院方的诊治同样抱有怀疑，但医院始终对他含糊其辞。直到他找到著名西医伍连德帮忙才了解到一些真实情况。1926年9月14日梁启超写信给孩子们，告诉他们现在已经证明协和医院确实是"孟浪错误"了。

梁思成和林徽因这才明白，梁启超之所以公开为协和医院辩白，并不是害怕和之前的言论自相矛盾。他是不想因为自己的个案，就阻断了作为"科学"象征的西医在中国的发展。虽然牺牲了自己，但可以让后世万千国人享受到西医的科学成果——这位维新派大人物的病，是在替众生病。

徐志摩匆匆从上海赶来探望老师，也只能隔着门缝看上两眼。他望着瘦骨嶙峋的梁启超，禁不住涌出眼泪。林徽因告诉他："父亲平常做学问太苦了，不太注意自己的身体，病到这个程度，还在赶写《辛稼轩年谱》。"

采用中药治疗一段时间，梁启超的病情竟然略有好转。他不但能开口讲话，精神也好了些。梁思成心里高兴，就邀了金岳霖、徐志摩几个朋友到东兴楼饭庄小聚，之后又一起去老金家探望他母亲。老金住在东单史家胡同，那是借凌淑华家的小洋楼。一进门庭，就看见地下铺的红地毯，那是新月社的旧物。大家触物伤情，忆起新月社当年的意气风发和现在的寥落，很是感慨了一番。

1月17日，梁启超病情再次恶化。医生经过会诊，迫不得已决定注射碘酒。第二天，病人出现呼吸紧迫，神智已经处于昏迷状态。梁思成急忙致电就职于南开大学的二叔梁启勋。当日中午，梁启勋就带着梁思懿和梁思宁赶到协和医院，梁启超尚存一点神智，但已不能说话，只是握着弟弟的手，无声地望着儿子儿媳，眼中流出几滴泪水。

当天的《京报》《北平日报》《大公报》都在显著的位置报道了梁启超病危的消息。

1929 年 1 月 19 日 14 时 15 分，梁启超病逝于协和医院。当晚，梁家向亲友发出了简短的讣告：家主梁总长任公于 1 月 19 日未时病终协和医院，即日移入广惠寺，21 日接三。20 日下午 3 时大殓，到场亲视者除其家属外，尚有任公生前朋辈胡汝麟、王敬芳、刘崇佑、蹇念益等数十人。接三后举行佛教葬礼，仪式新旧参半，灵柩安葬于西山卧佛寺西东沟村，与李夫人合葬。长子梁思成和儿媳林徽因设计了墓碑。他们没想到，这竟然是毕业后的第一件设计作品。

墓碑采用花岗岩材质，高 2.8 米，宽 1.7 米，碑形似榫，古朴庄重，不事修饰。正面镌刻"先考任公政君暨先妣李太夫人墓"，除此之外再无任何表明墓主生平事迹的文字。这也是梁启超的遗愿。

直到 40 多年后，梁思成从为他治病的医生那里得到了父亲早逝的真相。因为梁启超是名人，协和医院安排了著名的外科教授刘大夫主刀肾切除手术。病人进了手术室后，值班护士用碘酒在肚皮上做的记号出错了。刘大夫手术时没有仔细核对 X 光片，误将健康的肾切除。这一重大的医疗事故术后不久就被发现了，医院当即将之当成"最高机密"隐瞒起来。不久后刘大夫辞去协和医院的工作，到国民党政府的卫生部当政务次长去了。

最能概括梁启超一生的评价，于儿媳妇林徽因看来，莫过于沈商耆的挽联：

三十年来新事业，新知识，新思想，是谁唤起？

百千载后论学术，论文章，论人品，自有公平。

## 白山兮高高，黑水兮滔滔

开学后，林徽因和梁思成回到东大。

理工学院是东北大学教学和生活环境最好的一所学院，巍峨的白楼耸立于沈阳北陵的前沿，校门前浑河川流不息，学院的教学条件很好，图书、仪器格外充实，学生宿舍富丽堂皇，教授的住宅是每人一套小洋房。

1929 年夏季，林徽因、梁思成在宾夕法尼亚大学读书时的同窗好友陈植、童寯和蔡方萌应夫妇二人的邀请来到东北大学建筑系任教。几个老同学再次相聚，除了一起讨论建筑，切磋教学，下了班也会聚在梁家喝茶聊天，纵谈国事，日子过得非常充实。

建筑系的教学逐渐走上正轨，几个老同学便商量着能做点更有创造性、更有价值的事，"梁、陈、童、蔡营造事务所"就这么成立了。事务所不仅搞研究，也承揽建筑工程。时逢吉林大学筹建，事务所包揽了总体规划、教学楼和公寓楼的设计，后来还设计了交通大学在辽宁锦州开办的分校校舍、沈阳郊区的"萧何园"等建筑。林徽因没有挂名，但事事参与。她的主要研究方向是古建筑学，建筑规划和设计只是她的副业，留下的作品不多。她和梁思成一起设计的"萧何园"应该是她最初的实践。

东大改组后张学良亲任校长，公开悬赏征校歌。最终，刘半农填词，赵元任作曲的歌曲被选中了：

白山兮高高，黑水兮滔滔；有此山川之伟大，故生民质朴而雄豪；地所产者丰且美，俗所习者勤与劳；愿以此为基础，应世界进化之洪潮。沐三民主义之圣化，仰青天白日之昭昭。痛国难之未已，恒怒火之中烧。东夷兮狡诈，北虏兮骄骜，灼灼兮其目，霍霍兮其刀，苟捍卫之不力，宁宰割之能逃？惟卧薪而尝胆，庶雪耻于一朝。唯知行合一方为责，无取乎空论之滔滔，唯积学养气可致用，无取乎狂热之呼号。其自迩以行远，其自卑以登高。爱校、爱乡、爱国、爱人类，期终达于世界大同之目标。使命如此其重大，能不奋勉乎吾曹，能不奋勉乎吾曹。

这首校歌带有强烈的时代印记，倾注了诗人刘半农面对即将沦丧于列强的东北山河的忧虑痛心，对学子的期望和鼓励。忧国之心，期望之情，跃然纸上。现在的东大校歌仍然是以这首歌为基础，精简而成。

1929 年是东大六周年校庆，张学良将军携夫人于凤至女士进入会场并登台讲话。随后，在教育学院潘美如的指挥下，全校 2000 多名学生合唱《东北大学校歌》。一首歌，唱沸了 2000 多颗激昂的心。师生们群情振奋，他们仿佛听到了血液在脉管里汩汩奔流的声响。

随后，张学良公开悬赏征集东大校徽。最终，林徽因设计的"白山黑水"图案中标。它的整体图形是一块盾牌，正方上是"东北大学"四个古体字，中间有八卦中的"艮"卦，同样代表东北，正中为东大校训"知行合一"，下面两只猛兽——狼和熊面对巍峨耸立的白山和滔滔黑水虎视眈眈，象征列强环伺，形势紧迫。校徽构思巧妙，很好地呼应了校歌内容。

得知徽因的作品被选中，几个老同学到梁家又是一番庆贺。

惬意的生活仍然蒙着一层阴影，而且有越来越沉重的趋势。各派势力争夺地盘，时局混乱，社会治安极不稳定，"胡子"时常在夜间招摇而过。太阳一落山，"胡子"便从北部牧区流窜下来。东大校园地处郊区，"胡子"进城，必经过校园，马队飞一样从窗外飞驰而过。此时家家户户都不敢亮灯，连小孩子都屏声静气，不敢喧哗。梁家一帮人聊到兴致正好的时候，也只能把灯关掉，不再出声。林徽因在晚上替学生修改绘图作业，时常忙碌到深夜，有时隔窗看一眼，月光下"胡子"们骑着高头骏马，披着红色斗篷，很是威武。别人感到紧张，林徽因却说："这还真有点罗曼蒂克呢！"

这年 7 月，林徽因产期已近，借暑假之机，梁思成陪同林徽因返回北平。八月，林徽因在协和医院生下大女儿，取名梁再冰，意在纪念离世不久的祖父——梁启超的书房名曰"饮冰室"，他的著作叫《饮冰室文集》。

宝宝的第一声啼哭，引爆了窗外一片嘹亮的蝉鸣。从此，两颗心就像漂泊的风筝被这根纯洁的纽带系在一起，再也无法分开。

林徽因怀抱女儿梁再冰。

## 男人和女人

北京总布胡同三号，一群优秀的男宾众星捧月，以他们的才智和热忱，成就了一位光彩照人、名满京华的沙龙女主人。

林徽因之所以为林徽因，不是陆小曼，也不是冰心，也许和父亲林长民有关。其他的民国名媛不是没有受到好的教育，亦不乏欧美教育。但她们没有像林徽因这样，少年时代跟随父亲游历，青年时代和未婚夫一道求学。她人生中最重要的成长期都是和优秀的男性在一块儿的。林长民对这个长女的期望，不是做一个温婉贤良的居家妻子，他期望她像男性一样有独立的职业，独立的见解和独立的精神，而徽因也确实做到了。

人艳如花，又有多方面的才情，直爽甚至急躁的脾性，高傲的眼界。男人有多欣赏林徽因，女人就有多排斥林徽因。

# 邂　逅

在梁思成、林徽因留下的书信中，与两位朋友的通信和其他人颇有不同。他们不是中国人，来自大洋彼岸的美利坚合众国，却有味道十足的中文名字。他们就是后来成为著名社会学家、汉学家的费正清（费尔班克约翰金）和费慰梅（威尔玛）夫妇。

当时，费正清和费慰梅都是刚刚大学毕业的学生，费正清来自南达科他，费慰梅则来自马萨诸塞州的剑桥，这一对如痴如狂的喜欢中国的人文历史和艺术的年轻人，就是在那里相遇并相爱的。因为共同的追求，他们到古老的北平结了婚。

费正清和费慰梅是在结婚后两个月遇见梁思成夫妇的，四个人的友情维系了一生。晚年的费慰梅回忆起他们相识时的感受说：

当时他们和我们都不曾想到这个友谊今后会持续多年，但它的头一年就把我们都迷住了。他们很年轻，相互倾慕着，同时又很愿回报我们喜欢和他们做伴的感情。徽——他为外国的亲密朋友给自己起的短名——是特别的美丽活泼。思成则比较沉稳些。他既有礼貌而又反应敏捷，偶尔还表现出一种古怪的才智，两人都会两国语言，通晓东西方文化。徽以她滔滔不绝的言语和笑声平衡着她丈夫的拘谨。通过交换美国大学生活的故事，她很快就知道我们夫妇俩都在哈佛念过书，而正清是在牛津大学当研究生时来到北京的。

这两对夫妇的邂逅并不是什么奇遇。他们在一次聚会上认识，并互相吸引，一交谈，才知两家居然是相距不远的近邻，这使他们喜不自胜。

1932年，梁思成、林徽因与费慰梅合影。

费正清、费慰梅的中文名字就是梁思成夫妇取的。后来抗战时费正清以美国情报局官员身份来华，曾改名字为"范邦国"，梁思成却颇不以为然，说："范邦国这三个字听起来像番邦之国，也像藩子绑票国，而正清乃是象征正直、清朗，又接近John King的发音，是个典型的中国名字。"从此，费正清的中文名字就没有变过。

这份上天赐予的新的友谊给林徽因的生活注入了阳光。当时她和梁思成刚刚由沈阳迁回北平，开始在中国营造学社的工作，事业还未走上正轨，又有家务琐事缠身，让本就急性子的林徽因心烦意乱。费慰梅怀念这段日子时记叙道：

那时徽因正在经历着她可能是生平第一次操持家务的苦难，并不是她没有仆人，而是她的家人，包括小女儿、新生的儿子，以及可能是最麻烦的、一个感情上完全依附于她的、头脑同她的双脚一样被裹得紧紧的母亲。中国的传统要求照顾她的母亲、丈夫和孩子们，她是被要求担任家庭"经理"的角色，这些责任要消耗掉她在家里的大部分时间和精力。

费慰梅作为一个来自不同文化环境的女性，对林徽因的感知是深层次的，她在中西方文化的穴结点上，一下子找到了她的中国朋友全部痛苦的症结。

费正清1946年回到哈佛历史系教书，专注于学术研究，开创了费正清学派，建立哈佛东亚研究中心，把费氏夫妇深爱的中国文化传播向全世界。回国后，他们的友谊只能靠书信传达。梁家被战争困在李庄时，生活极端拮据，连信纸都只能用剪开的小纸片，邮费也够一家人生活一阵子。即使是这样，他们的联系也没有中断。

1993年，费慰梅完成书稿《梁思成和林徽因：一对探索中国建筑的伴侣》，1995年由宾州大学出版，以纪念二人曾在宾夕法尼亚大学求学的渊源。费慰梅于2002年4月4日逝世，享年92岁，与林徽因的忌日只差三天。她的名气虽然不如丈夫费正清大，但她对中国艺术的深深热爱，和中国才女林徽因至死不渝的情谊，写下了中美知识分子交流史上的动人诗篇。

# 至 交

林徽因多才多艺，幽默活泼，人又心直口快，想什么说什么，批评起人来毫不留情面。费慰梅曾经这样形容她的犀利言谈："她的谈话同她的著作一样充满了创造性。话题从诙谐的轶事到敏锐的分析，从明智的忠告到突发的愤怒，从发狂的热情到深刻的蔑视，几乎无所不包。"照理说，这么一个牙尖嘴利的女性，长得再漂亮，恐怕也会让人敬而远之。但林徽因和梁思成却有许多共同的朋友，他们是一生的挚友和知己。

费正清、费慰梅夫妇在这一群朋友中，因为是外国人而有些特殊。但参加了几次聚会，就和大家都成了谈得来的老朋友，他们的中文水平也就在这样的聚会中飞快地提高。

不欢迎费氏夫妇的似乎只有林徽因的母亲和仆人们，老太太总是用一双疑惑的眼睛直盯着这一对黄头发、蓝眼睛的外国人。每当费氏夫妇扣响梁家的门环，开门的仆人总是只把大门打开一道缝，从上到下把他们打量一会儿，然后才把他们放进院子，而老太太却踮着小脚一直把他们追到客厅里，每次都是徽因把她的母亲推着送回她自己的屋里。

有时候林徽因心情不好，费氏夫妇就拉上她去郊外骑马，将城市里的尘嚣远远地隔在灰色的城墙和灰色的心情之外。林徽因很有

林徽因与费氏夫妇到朝阳门外骑马归来，摄于 1935 年。

骑师的天赋，她坐在马背上的身姿看上去棒极了，连号称美利坚骑士的费正清也啧啧称赞。因为经常去骑马，林徽因索性买了一对马鞍、一套马裤，穿上这身装束，她俨然成了一位英姿勃发的巾帼骑师。

那段日子是林徽因一生中最值得留恋的一段时光之一。费氏夫妇回国后，她在信中对往事的回顾，依然是那样神采飞扬：

自从你们两人在我们周围出现，并把新的活力和对生活、未来的憧憬分给我以来，我已变得年轻活泼和精神抖擞得多了。每当我回想到今冬我所做的一切，我都十分感激和惊奇。

你看，我是在两种文化教养下长大的，不容否认，两种文化的接触和活动对我来说是必不可少的。在你们真正出现在我们（北总布胡同）三号的生活中之前，我总感到有些茫然若失，有一种缺少点什么的感觉，觉得有一种需要填补的精神贫乏。而你们的"蓝色通知"恰恰适合这种需要。另一个问题，我在北京的朋友年龄都比较大也比较严肃。他们自己不仅不能给我们什么乐趣，而且还要找思成和我要灵感或让我们把事情搞活泼些。我是多少次感到精疲力竭了啊！

今秋或不如说是初冬的野餐和骑马（以及到山西的旅行）使整

个世界对我来说都变了。想一想假如没有这一切，我怎么能够经得住我们频繁的民族危机所带来的所有的激动、慌乱和忧郁！那骑马也是很具象征意义的。出了西华门，过去那里对我来说只是日本人和他们的猎物，现在我能看到小径、无边的冬季平原风景、细细的银色树枝、静静的小寺院和人们能够抱着传奇式的自豪感跨越的小桥。

费氏夫妇在中国时最先熟悉起来的除梁氏夫妇，就是逻辑学家金岳霖了。大家都叫他"老金"。看上去他似乎是梁家的一个成员，住在梁家院后一座小房子里，梁氏夫妇住宅的一扇小门，便和老金的院落相通。每次聚会，老金总是第一个来。有时候，这样的聚会也在老金家进行。作为一个逻辑学家，老金的幽默是独特的。林徽因和梁思成免不了拌嘴，闻声而来的老金从不问青红皂白，而是大讲特讲其生活与哲学的关系，却总能迅速让两口子"熄火"。

老金和梁家的关系有些特殊，因为不少人都认为他和林徽因有一段情缘。至于事实的真相早已不可考，老金也从未承认过他和林徽因之间有过爱情。但老金和梁家的确是莫逆之交。他可不是只在安逸的年代才陪在你身边高谈阔论的朋友。梁家困顿李庄时，老金从昆明赶了过去，像在北平时一样陪伴在他们身边。为了给病重的林徽因滋补身体，他从自己微薄的薪水中拿出一部分，到镇上买了十几只鸡饲养，盼望着早日生蛋。老金养鸡很厉害，在北平总布胡同时就养着几只大斗鸡。据梁从诫说，在李庄的时候"金爸在的时候老是坐在屋里写呀写的。不写的时候就在院子里用玉米喂他的一大群鸡。有一次说是鸡闹病了，他就把大蒜整瓣地塞进鸡口里，它们吞的时候总是伸长脖子，眼睛瞪得老大，我觉得很可怜。"这十几只鸡，长势很快，一只都没生病，后来还下蛋了，所有人都特别开心。

至于老金自己，他对生活的艰难和通货膨胀总是用哲学家的观点对待，他对梁思成和林徽因说："在这艰难的岁月里，最重要的是，要想一想自己拥有的东西，它们是多么有价值，有时你就会觉得自己很富有。同时，人最好尽可能不要去想那些非买不可的东西。"老金的"金口玉言"使处在艰难困苦中的朋友们得到了精神上的宽慰。

林徽因是典型的"刀子嘴，豆腐心"，但是了解她的亲友们都不会计较。林徽因和二姑子梁思庄的关系并不"符合"很多人理解的那种姑嫂之间必处不来的"定律"，梁思庄的女儿吴荔明女士回忆道：

我的妈妈，一直和二舅妈相处得很好，他们还在十几岁的时候就相识了，后来又一起在国外留学。由于共同接受了西方教育，使他们有很多共同语言，亲如姐妹。妈妈说二舅妈林徽因是"刀子嘴，豆腐心"，别看她嘴巴很厉害，但心眼好。她喜怒形于色，绝对真实。正因为妈妈对二舅妈的性格为人有这样深刻的认识，才能使她们姑嫂两人始终是好朋友。

1936年1月，丧夫的梁思庄带着女儿从广州回到北平，初到北平时住在梁家，林徽因还写信给费慰梅唠叨了一番——事实上，林徽因面对琐碎的家务事，经常会发牢骚。但是牢骚归牢骚，林徽因当时对母女俩特别好，即使在外地考察也要特意写信，询问她们是否安顿好了。中华人民共和国成立后，林徽因和梁思庄联系也很频繁，吴荔明小时候爱吃雪糕，夏天的时候林徽因去梁思庄家，总是用一个小广口暖瓶装着满满的雪糕给孩子。梁思庄见到林徽因第一句话总是"Are you all right？"林徽因身体不好，梁思庄一直放心不下。

林洙在《梁思成、林徽因与我》中提到一件事，林洙以"同乡"身份到清华先修班学习，被介绍给林徽因，林徽因主动热心地给她补习英文；后来，林洙要和在清华任教的男友结婚，但经济困窘。林徽因知道后找到她，告诉她营造学社有一笔款项专门用来资助青年学生，让她先用。看到对方一脸窘迫，立刻安慰说："不要紧的，你可以先借用，以后再还。"不由分说把存折塞给了她，还送了一套青花瓷杯盘做贺礼。后来林洙想还这笔钱，却被林徽因"严厉"地退了回来。

"林徽因式"的热诚，包裹着尖锐的刺。如果你不能接受这些尖利的表象，就无法触及她的真心的柔软。好在林徽因的朋友们都能宽容她最"坏"的那一面。因为他们知道，这个美丽的嘴上不饶人的女学者，"好"的那面是值得结交一生的。

# 妇女的敌人

林徽因是一个混合体，她是建筑师，这个即使是在现在也充满男性气息的职业，需要科学严谨的精神去考察，更要吃得风餐露宿的苦；她是诗人，清丽的诗句中流露出细腻复杂的情感。面对徐志摩和金岳霖的追求、守护，她表现出令女性惊异的理智，选择了志同道合的梁思成做丈夫，但同时她对他们有深刻的了解。她的性格和外表也是矛盾的。貌美如花的表象之下隐藏的是男人气的豪爽，

梁思成与林徽因在国内补照的结婚照。

爱骑马，也能吸烟喝酒，颇有几分当下备受追捧的"爷"的气派。她直爽甚至是急躁，但又心思缜密，对亲友的关照事无巨细。

林徽因就是这样一个奇怪又矛盾的混合体，她把科学和艺术、理智和情感、男性化和女性化这些看似对立的特质完美地结合于一处。

晚年的梁思成这样评价她的这位"万人迷"妻子：

林徽因是个很特别的人，她的才华是多方面的。不管是文学、艺术、建筑乃至哲学她都有很深的修养。她能作为一个严谨的科学工作者，和我一同到村野僻壤去调查古建筑，测量平面和爬梁上柱，做精确的分析比较；又能和徐志摩一起，用英语探讨英国古典文学

或我国新诗创作。她具有哲学家的思维和高度概括事物的能力。所以做她的丈夫很不容易。中国有句俗话："文章是自己的好，老婆是人家的好。"可是对我来说，老婆是自己的好，文章是老婆的好。我不否认和林徽因在一起有时很累，因为她的思想太活跃，和她在一起必须和她同样地反应敏捷才行，不然就跟不上她。（林洙《梁思成、林徽因与我》）

林徽因的儿子梁从诫先生认为母亲能够把多方面知识才能汇集于一身，是一位有着"文艺复兴色彩"的知识分子。费慰梅则是这么分析林徽因的敏锐和复杂：

当我回顾那些久已消失的往事时，她那种广博而深邃的敏锐性仍然使我惊叹不已。她的神经犹如一架大钢琴的复杂的音弦。对于琴键的每一触，不论是高音还是低音，重击还是轻弹，它都会做出反应。或者是继承自她那诗人的父亲，在她身上有着艺术家的全部气质。她能够以其精致的洞察力为任何一门艺术留下自己的印痕。

年轻的时候，戏剧曾强烈地吸引过她，后来，在她的一生中，视觉艺术设计也曾间或使她着迷。然而，她的真正热情还在于文字艺术，不论表现为语言还是写作。它们才是她最新的表达手段。

一个无可争议的才女，在建筑、文学上都有其贡献，凑巧，又生得美丽，个性呢，又不是传统的小鸟依人。这样的林徽因，对于20世纪30年代的大部分的中国女性来说，确实是一个不可想象的存在。文学家李健吾这样说林徽因："绝顶聪明，又是一副赤热的心肠，口快，性子直，好强，几乎妇女全把她当作仇敌。"

林徽因才华过人，事业心又很强，交往的都是当时文化界的精英，比如经济学家陈岱孙，政治学家张奚若，逻辑学家金岳霖，物理学家周培源，文学界的有胡适、徐志摩、朱光潜、沈从文等，全都是各自领域的鼎鼎大名的人物。

受男性欢迎的女性本就不容易被同性认可，况且林徽因心气又高，不通世故，不屑于与她们周旋敷衍，同性的误解甚至嫉妒就可想而知了。这其中也包括林徽因的大姑子，梁思成大姐梁思顺。

1936 年，林徽因写信给费慰梅说：

对我来说，三月是一个多事的月份……主要是由于小姑大姑们。我真羡慕慰梅嫁给一个独子（何况又是正清）……我的一个小姑（燕京学生示威领袖）面临被捕，我只好用各种巧妙办法把她藏起来和送她去南方。另一个姑姑带着孩子和一个广东老妈子来了，要长期住下去。必须从我们已经很挤的住宅里分给他们房子。还得从我已经无可再挤的时间里找出大量时间来！到处都是喧闹声和乱七八糟。第三位是我最年长的大姑，她半夜里来要把她在燕京读书的女儿带走，她全然出于嫉妒心，尽说些不三不四话，而那女儿则一直在哭。她抱怨说女儿在学生政治形势紧张的时候也不跟她说就从学校跑到城里来，"她这么喜欢出来找她舅舅和舅妈，那她干嘛不让他们给她出学费"等等。当她走的时候，又扔出最后的炸弹来。她不喜欢她的女儿从他舅舅和舅妈的朋友那里染上那种激进的恋爱婚姻观，这个朋友激进到连婚姻都不相信——指的是老金！

这里提到的"小姑"，是梁启超的三女儿梁思懿，后来加入共产党，成为著名社会活动家；"另一个姑姑"自然是梁思庄，后来成为图书馆学家，当时她的丈夫刚去世，带着年幼的吴荔明从广州来到北平。"最年长的大姑"就是梁思顺了，善诗词，曾编写了一本《艺蘅馆词选》，但其思想，总的来说还是传统的中国妇女那一套，性格也有些怪，不容人。在正式成为梁家的媳妇之前，这个大姐就和林徽因"道不同不相为谋"，后来经过梁启超的调解才有所修复。现在，大姐眼看着自己的女儿居然如此喜欢这个自己极其不满的二舅母，怎能没有怨气？

和林徽因有过有名的"康桥日记之争"的凌淑华，晚年时曾这样评价这位"妇女的仇敌"："可惜因为人长得漂亮又能说话，被男朋友们宠得很难再进步。"——这里面的"男朋友"当是一种泛指。林徽因的男性朋友始终多于女性，她一生都没能学会絮絮叨叨的"女性特质"。她最亲密的女性朋友是外国人，她超前于那个时代，自然不能被同时代的女性所理解了。

1936年林徽因与母亲何雪媛、三弟林恒等在香山。

## 太太客厅和慈慧殿三号

　　无论林徽因成为煮饭浣纱的凡俗妇人，抑或风云不尽的女建筑学家，那些仰慕她才情的人，还是愿意把她定格在人间四月，在每个姹紫嫣红的季节都会不由自主地想起她，那不曾被岁月埋没的伶俐的话语，像是被种植在流年里，已然无法擦去。

　　梁氏夫妇搬到北平总布胡同的四合院以后，由于梁思成、林徽因所具有的渊博学识和人格魅力，他们身边很快聚集了一批当时中国文化界的精英。这些学者和文化精英，经常在星期六下午陆续来到梁家聚会。大家一起吃茶聊天，谈论天下事。女主人林徽因思维敏捷，擅长引起话题，极具亲和力和感染力。他们的话题既有思想深度，又有社会广度，既有学术理论高度，又有强烈的针对现实性，可谓谈古论今皆成学问。慢慢地，梁家的这个聚会的名气越来越大，渐成气候，形成了 20 世纪 30 年代北平最出名的文化沙龙，时人称之为"太太的客厅"。这个具有国际俱乐部特色的"客厅"，曾引起过许多知识分子特别是文学青年的心驰神往。

　　有个在燕京大学读书的文学青年就是其中之一。

　　那天林徽因被一阵急促中带着怯意的敲门声唤出来，开了门，两张年轻的脸庞出现在面前。一个是沈从文，他是常客，已是蜚声全国文坛的青年作家；另一个是个陌生的男孩子，大约二十出头年纪，微微泛红的脸上，还带着点稚气，他穿着一件洗得干干净净的蓝布大褂，一双刚刚打了油的旧皮鞋。

沈从文介绍说："这是萧乾，燕京大学新闻系三年级学生。"

"啊，原来是《蚕》的作者。快进屋吧。"林徽因利落地把两人让进来，然后给他们倒上热茶。

萧乾听沈从文说，林徽因的肺病已相当严重，本以为她会躺在床上见客，没想到林徽因却穿了一套骑马装，十分潇洒，她的脸上还带一点病容，精神却很饱满。

"喝茶，不要客气，越随便越好。"林徽因招呼着拘谨的萧乾，又说道，"你的《蚕》我读了几遍，刚写小说就有这样的成绩，真不简单！你喜不喜欢唯美主义的作品，你小说中的语言和色彩，很有唯美主义味道。"

林徽因在屋子里来回走动着，脸庞因为兴奋而微微潮红。

慈慧殿三号是朱光潜和梁宗岱在景山后面的寓所，也是与"太太的客厅"同样有影响的文化沙龙。沙龙每月集会一次，朗诵中外诗歌和散文，因此又称"读诗会"。林徽因也是这里的主要参加者。

这个沙龙实际上是20年代闻一多西单辟才胡同沙龙的继续。冰心、凌叔华、朱自清、梁宗岱、冯至、郑振铎、孙大雨、周作人、沈从文、卞之琳、何其芳、萧乾，还有英国旅居中国的诗人尤连伯罗、阿立通等人都是沙龙的成员。

沙龙主持人是朱光潜，他是香港大学文科毕业生，20年代中期先后留学英法，也游历过德国和意大利。1933年7月回国，应胡适之聘，出任北京大学西语系教授，主讲西方名著选读和文学批评史，同时还在北大中文系、清华大学、辅仁大学、女子文理学院和中央艺术研究院主讲文艺心理学和诗论。

读诗会聚会形式轻松活泼，大家畅所欲言，时有"争论"发生。林徽因总是辩论中的核心人物，她言辞犀利，从不给对方留面子。有一回，她就和梁宗岱为了一首诗的翻译争执得面红耳赤。

梁宗岱在那天的聚会上朗诵了一首由他翻译的瓦雷里的《水仙辞》，朗诵完毕，林徽因第一个发言，一点台阶也没给大诗人留："宗岱，你别得意，你的老瓦这首诗我真不想恭维。'哥啊，惨淡的白莲，我愁思着美艳，／把我赤裸裸地浸在你溶溶的清泉。／而向着你，女神，女神，水的女神啊，／我来这百静中呈献我无端的泪点。'这首诗的起句不错，但以后意象就全部散乱了，好像一串珠子给粗暴地扯断了线。我想起法国作家戈蒂耶的《莫班小姐》序言里的一段话——谁见过在哪桌宴席上会把一头母猪同12头小猪崽子统统放在一盘菜里呢？有谁吃过海鳝、七鳃鳗炒人肉杂烩？你们真的相信布里亚萨瓦兰使阿波西斯的技术变得更完美了吗？胖子维特尤斯是在什维食品店里用野鸡、凤凰的脑、红鹳的舌头和鸟的肝填满他那著名的'米纳夫盾'的吗？"

梁宗岱在法国上学时可是做过瓦雷里的学生的，他亲耳听过瓦雷里讲授这首诗，这也是他最喜欢的一首诗。他马上站起来，高声回敬道："我觉得林小姐对这首诗是一种误读，作为后期象征主义的主要代表，瓦雷里的诗，是人类情绪的一种方程式，这首《水仙辞》是

林徽因在北总布胡同三号寓所客厅。

浑然一体的通体象征，它离生命的本质最近，我想你没有读懂这样的句子：'这就是我水中的月与露的身，顺从着我两重心愿的娟娟倩形！／我摇曳的银臂的姿势是何等澄清！／黄金里我迟缓的手已倦了邀请。'瓦雷里的作品，忽视外在的实际，注重表现内心的真实，赋予抽象观念以有声有色的物质形式，我想林小姐恰恰是忽视了这点。"

林徽因毫不让步，也不自觉地提高了嗓门："恰恰是你错了。我们所争论的不是后期象征主义的艺术特点，而是这一首诗，一千个读者，可以有一千个哈姆雷特。我觉得，道义的一些格言，真理的一些教训，都不可被介绍到诗里，因为他们可以用不同的方法，服务于作品的一般目的。但是，真正的诗人，要经常设法冲淡它们，使它们服从于诗的气氛和诗的真正要素——美。"

梁宗岱涨红了脸，急急地说："林小姐，你应该注意到，诗人在作品中所注重的，是感性与理性、变化与永恒、肉体与灵魂、生存与死亡冲突的哲理，这才是美的真谛。我认为美，不应该是唯美，一个诗人，他感受到思想，就像立刻闻到一朵玫瑰花的芬芳一样。"

男人和女人

林徽因也站起身回击道:"我想提醒梁诗人,诗歌是诉诸灵魂的,而灵魂既可以是肉体的囚徒,也可以是心灵的囚徒。一个人当然不可以有偏见,一位伟大的法国人,在一百年以前就指出过,一个人的偏爱,完全是他自己的事,而一旦有所偏见,就不再是公正的了。"

朋友们没有一个去"拉架",反而津津有味地听着他们"打嘴仗"。

萧乾头一回参加这个沙龙活动,被这火药味儿十足的讨论吓了一跳,悄声问带他来的沈从文:"他们吵得这么热闹,脸红脖子粗的,你怎么不劝劝?"

沈从文摆摆手:"在这儿吵,很正常,你不要管他,让他们尽兴地吵,越热闹越好。"

林徽因重新坐回沙发上,平静地结案陈词道:"每个诗人都可以从日出日落受到启发,那是心灵的一种颤动。梁诗人说过,'诗人要到自然中去,到爱人的怀抱里去,到你自己的灵魂里去,如果你觉得有三头六臂,就一起去。'只是别去钻'象征'的牛角尖儿。"

梁宗岱心服口服地笑起来,朋友们也哈哈大笑。

笑得最响最轻快的,当然是"得理不饶人"的林徽因。

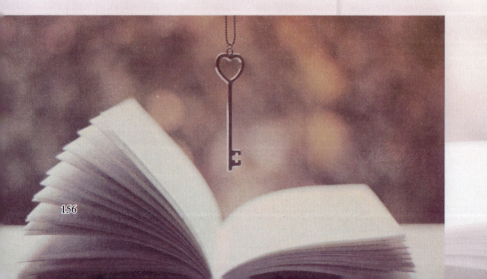

## 与冰心的龃龉

李健吾和林徽因是在 1934 年年初认识的。当时林徽因在《文学季刊》上读到李健吾关于《包法利夫人》的论文，极为赞赏，就写信给李健吾邀请他来"太太客厅"参加聚会。李健吾比林徽因小两岁，与其过从甚密，因此对林徽因的性格为人看得也很透彻：

她（林徽因）缺乏妇女的幽娴的品德。她对于任何问题（都）感到兴趣，特别是文学和艺术，具有本能的、直接的感悟。生长富贵，命运坎坷，修养让她把热情藏在里面，热情却是她生活的支柱。喜好和人辩论——因为她热爱真理，但是孤独、寂寞、抑郁，永远用诗句表达她的哀愁。

李健吾在《林徽因》这篇散文里，说林徽因和另一位女诗人冰心的关系是"既是朋友，同时又是仇敌"。林徽因亲口对他讲起过一件趣事：冰心写了一篇小说《我们太太的客厅》讽刺她，因为每到星期六下午，便有若干朋友以她为中心谈论各种现象和问题。林徽因恰好由山西调查庙宇回到北平，带了一坛又香又陈的山西醋，立即叫人送给冰心吃用。

这篇小说从 1933 年 10 月 27 日开始在天津《大公报》文艺副刊连载。小说一开头就单刀直入地描述道：

时间是一个最理想的北平春天的下午，温煦而光明。地点是我们太太的客厅。所谓太太的客厅，当然指着我们的先生也有他的客厅，不过客人们少在那时聚会，从略。

我们的太太自己以为，她的客人们也以为她是当时当地的一个"沙龙"的主人。当时当地的艺术家、诗人，以及一切人等，每逢清闲的下午，想喝一杯浓茶，或咖啡，想抽几根好烟，想坐坐温软的沙发，想见见朋友，想有一个明眸皓齿能说会道的人儿，陪着他们谈笑，便不需思索地拿起帽子和手杖，走路或坐车，把自己送到我们的太太的客厅里来。在这里，各自都能得到他们所向往的一切。

按冰心小说中的描述："我们的太太是当时社交界的一朵名花，十六七岁时候尤其嫩艳……我们的先生（的照片）自然不能同太太摆在一起，他在客人的眼中，至少是猥琐，是世俗。谁能看见我们的太太不叹一口惊慕的气，谁又能看见我们的先生，不抽一口厌烦的气？""我们的太太自己虽是个女性，却并不喜欢女人。她觉得中国的女人特别的守旧，特别的琐碎，特别的小方。"接着还详细描写了一位诗人的外貌："还有一位'白袷临风，天然瘦削'的诗人。此诗人头发光溜溜地两边平分着，白净的脸，高高的鼻子，薄薄的嘴唇，态度潇洒，顾盼含情，是天生的一个'女人的男子'。"但见那诗人：

微俯着身，捧着我们太太的指尖，轻轻地亲了一下，说："太太，无论哪时看见你，都如同一片光明的彩云……"我们的太太微微地一笑，抽出手来，又和后面一位文学教授把握。

教授约有四十上下年纪，两道短须，春风满面，连连地说："好久不见了，太太，你好！"

　　哲学家背着手，俯身细看书架上的书，抽出叔本华《妇女论》的译本来，正在翻着，诗人悄悄过去，把他肩膀猛然一拍，他才笑着合上卷，回过身来。他是一个瘦瘦高高的人，深目高额，两肩下垂，脸色微黄，不认得他的人，总以为是个烟鬼。

　　……诗人笑了，走到太太椅旁坐下，抚着太太的肩，说："美，让我今晚跟你听戏去！"我们的太太推

林徽因（右）与冰心在美国康奈尔大学绮色佳风景区野炊，拍于 1925 年。

着诗人的手，站了起来，说："这可不能，那边还有人等我吃饭，而且……而且六国饭店也有人等你吃饭，还有西班牙跳舞，多么曼妙的西班牙跳舞！"诗人也站了起来，挨到太太跟前说："美，你晓得，她是约着大家，我怎好说一个人不去，当时只是含糊答应而已，我不去他们也未必会想到我。还是你带我去听戏罢，你娘那边我又不是第一次去，那些等你的人，不过是你那班表姊妹们，我也不是第一次会见。美，你知道我只愿意永远在你的左右。"

　　我们的太太不言语，只用纤指托着桌上瓶中的黄寿丹，轻轻地举到脸上闻着，眉梢渐有笑意。

　　这帮上层人士聚集在"我们太太的客厅"指点江山，激扬文字，尽情挥洒各自的情感之后星散而去。太太满身疲惫、神情萎靡并有

林徽因在北京北总布胡同家中，拍于 1934 年。

些窝囊的先生回来了，那位一直等到最后渴望与"我们的太太"携手并肩外出看戏的白脸薄唇高鼻子诗人只好无趣地告别"客厅"，悄然消失在门外逼人的夜色中。整个太太客厅的故事到此结束。

小说对人物做了诸多模糊处理，和林徽因的文化沙龙完全不同，但映射的痕迹仍然明显。特别是对于诗人、哲学家的外貌描写，一看就是以徐志摩和金岳霖为原型。是人说的"太太，无论哪时看见你，都如同一片光明的彩云……"更是让人马上联想到徐志摩的诗歌。

《我们太太的客厅》发表以后，引起平津乃至全国文化界的高度关注。小说中塑造的"我们的太太"、诗人、哲学家、画家、科学家、风流的外国寡妇，都有一种明显的虚伪、虚荣与虚幻的鲜明色彩，这"三虚"人物的出现，对社会、对爱情、对己、对人都是一股颓废情调和萎缩的浊流。冰心以温婉又不失调侃的笔调，对此做了深刻的讽刺与抨击。金岳霖后来曾说过：这篇小说"也有别的意思，这个别的意思好像是 30 年代的中国少奶奶们似乎有一种'不知亡国恨'的毛病"。

冰心的先生吴文藻与梁思成同为清华学校 1923 级毕业生，且二人在清华同一间宿舍，是真正的同窗；林徽因与冰心是福建同乡。这两对夫妇曾先后留学美国，曾在绮色佳有过愉快的交往。只是时间过于短暂，至少在 1933 年晚秋这篇明显带有影射意味的小说完成并发表，林徽因派人送给冰心一坛子山西陈醋之后，二人便很难再作为"朋友"相处了。

　　徐志摩因飞机失事死亡后，冰心给老友梁实秋写信说：

　　志摩死了，利用聪明，在一场不人道、不光明的行为之下，仍得到社会一班人的欢迎的人，得到一个归宿了！我仍是这么一句话，上天生一个天才，真是万难，而聪明人自己的糟蹋，看了使我心痛。志摩的诗，魄力甚好，而情调则处处趋向一个毁灭的结局。看他《自剖》时的散文《飞》等等，仿佛就是他将死未绝时的情感，诗中尤其看得出，我不是信预兆，是说他十年心理的酝酿，与无形中心灵的绝望与寂寥，所形成的必然的结果！人死了什么话都太晚，他生前我对着他没有说过一句好话，最后一句话，他对我说的："我的心肝五脏都坏了，要到你那里圣洁的地方去忏悔！"我没说什么，我和他从来就不是朋友，如今倒怜惜他了，她真辜负了他的一股子劲！谈到女人，究竟是"女人误他？"还是"他误女人？"也很难说。志摩是蝴蝶，而不是蜜蜂，女人的好处就得不着，女人的坏处就使他牺牲了。到这里，我打住不说了！

　　很显然，这封信的爆发点落在"女人的坏处就使他牺牲"上面，这是一句颇有些意气用事且很重的话，冰心所暗示的"女人"是谁呢？从文字上看似泛指，实为特指，想来冰心与梁实秋心里都心照不宣，不过世人也不糊涂。在徐志摩"于茫茫人海中访我唯一灵魂之伴侣"的鼎盛时期，与他走得最近的有三个女人，即陆小曼、林徽因、凌叔华。而最终的结局是，陆小曼嫁给了徐志摩，林徽因嫁给了梁思成，凌叔华嫁给了北大教授陈西滢。

冰心为徐志摩鸣不平，认为女人利用了他，牺牲了他，这其中大概也包括林徽因。徐志摩几次追求林徽因人尽皆知，为了赶林徽因的讲座在大雾中乘飞机，在当时也流传甚广。梁从诫承认："徐志摩遇难后，舆论对林徽因有过不小的压力。"

有意思的是，即使收到了一坛山西陈醋，冰心在晚年却不承认《我们太太的客厅》是影射林徽因，在公众场合提起林徽因，也是一团和气。1987 年，冰心在谈到自"五四"以来的中国女作家时提到了林徽因，说："1925 年我在美国绮色佳会见了林徽因，那时她是我的男朋友吴文藻的好友梁思成的未婚妻，也是我所见到的女作家中最俏美灵秀的一个。后来，我常在《新月》上看她的诗文，真是文如其人。"

1992 年 6 月中国作协的张树英和舒乙曾拜访冰心，在交谈中，冰心忽然提到，《我们太太的客厅》，萧乾认为是写林徽因，其实是陆小曼。

于是有研究者认为，冰心与林徽因并没什么龃龉，两人是关系不错的朋友。冰心的小说讽刺的不是林徽因，而是陆小曼。

其实，只要稍微留心阅读就会发现，小说中的"我们的太太"

和陆小曼实在没什么瓜葛。冰心晚年不过是使用了个"障眼法"罢了。大概是小说讽刺林徽因的说法流传太广，不好跟林的后人交代，不如推给陆小曼，反正陆早已作古，又没什么后代，岂不省去很多麻烦？大抵是冰心老人大事化小小事化了的中国式的圆滑聪明吧。

年轻时的林徽因提起冰心总有些愤愤，曾在写给费慰梅的信中这样说：

朋友"Icy Heart"却将飞往重庆去做官（再没有比这更无聊更无用的事了），她全家将乘飞机，家当将由一辆靠拉关系弄来的注册卡车全部运走，而时下成百有真正重要职务的人却因为汽油受限而不得旅行。她对我们国家一定是太有价值了！？

翻译这封信的是梁从诫，他没有将英文中带有贬义的"Icy Heart"直译为"冰心"，而是保留了奇怪的原称谓。后来，一个研究林徽因的学者提到梁从诫谈起冰心时"怨气溢于言表"，还透露说："柯灵极为赞赏林徽因，他主编一套'民国女作家小说经典'丛书，计划收入林徽因一卷。但多时不得如愿，原因就在出版社聘了冰心为丛书名誉主编，梁从诫为此不肯授予版权。"果真如此，看来林徽因的率性固执、不通圆滑也遗传到了她的后人身上。

## 橡树旁的木棉

走出京城的"太太客厅",她是和一帮男人一样风餐露宿,坐三等车厢,睡鸡毛小店的古建筑学家。

她不是凌霄花,不是鸟儿,不是泉源。她是一株木棉。她和她的丈夫站在一起,平等的,相互映衬着彼此的光芒,为中国建筑学的历史填上了浓墨重彩的一笔。

自古以来,红颜多是陪衬,红袖添香多少有些低人一等的意味。若无有价值的遗产,又何以让人书写铭记。红颜却又总是跟着祸水,要获得赞许,更是难上加难。任你生前风情万种,死后亦只留无人问津的骸骨,谁还能辨认出当年的绝代容姿?又有谁知晓他们曾经有过的风华故事?

但终究有人没被禁锢,被记住了。

林徽因便是如此。

# 中国营造学社

尽管肺病的阴影一直挥之不去，但对林徽因来说，20 世纪 30 年代仍然是一生中最好的时光——丰沛的物质生活，志同道合的朋友，体贴的丈夫，可爱伶俐的女儿。对于一个女性来说最珍贵的东西她都拥有了。

但林徽因并不是一个只能养尊处优地坐在客厅里高谈阔论、不事生产的"太太"。1932 ~ 1935 年间，只要一有机会，林徽因就和梁思成还有一帮营造学社的同仁们一起进行野外勘察，考察中国古建筑。

中国营造学社是一个私立机构，费慰梅将之形容为"一个有钱人业余爱好的副产品"。创始人朱启钤曾在北洋政府担任交通总长、内政总长、国务总理，他下野后，创办了营造学社，专门研究中国古代建筑。

1931 年，梁氏夫妇离开东北大学回到北平，加盟中国营造学社，梁思成任研究部主任，林徽因担任校理。截止到抗战爆发，营造学社先后考察了全国 137 个县市的古建殿堂房舍 1823 处，其中详细测绘的有 206 组，完成测绘图稿 1898 张。他们在春夏外出考察，秋冬两季用来整理照片和测稿，撰写考察报告。他们编撰了《中国营造学社汇刊》，在上面接连刊登最新的发现，在当时的欧美和日本都有读者。人们由此知道了中国的古建筑并不只有日本人在研究。他们针对急需抢救的古建筑制定出相应的保护修葺的方案，提交给当地政府和中央古物保护文员会。

营造学社的考察，从 1932 年夏天开始，他们的第一个目标是平郊的古建筑。同年，梁思成在《中国营造学社汇刊》发表第一篇科考报告——《蓟县独乐寺观音阁山门考》，在中国考古界乃至于国际考古界都引起了轰动。

1932 年 6 月 11 日，梁思成带着营造学社一个年轻社员和一个随从前往这野外调查的第二站——宝坻的广济寺。他在《宝坻县广济寺三大殿》中记录了这次考察的收获：

抬头一看，殿上部并没有天花板，《营造法式》里所称"彻上露明造"的。梁枋结构的精巧，在后世建筑物里还没有看见过，当初的失望，到此立刻消失。这先抑后扬的高兴，趣味尤富。在发现蓟县独乐寺几个月后，又得见一个辽构，实是一个奢侈的幸福。

1932 年，林徽因的儿子出生，为了纪念建筑师李诫，取名"从诫"。

可惜的是，作为妻子的林徽因没有办法和丈夫共同体验这种幸福，因为她这时候是一个大腹便便的孕妇，还有两个月，他们的儿子就要出生了。

虽然不能跟随丈夫去实地考察，但林徽因还可以用另一种方式参与、扶持梁思成的事业——撰写建筑论文或著作。夫妇俩于 1932 年共同撰写了《平郊建筑杂录》。林徽因在开篇写道：

这些美的存在，在建筑审美者的眼里，都能引起特异的感觉，在"诗意""画意"之外，还使人感到一种"建筑意"的愉快。这也许是个狂妄的说法——但是，什么叫做"建筑意"？我们很可以找出一个比较近理的含义或解释来。

顽石会不会点头，我们不敢有所争辩，那问题怕要牵涉到物理学家，但经过大匠之手艺，年代之磋磨，有一些石头的确会蕴含生气的。天然的材料经人的聪明建造，再受时间的洗礼，成美术与历史地理之和，使它不能不引起赏鉴者一种特殊的性灵的融会，神志的感触，这话或者可以算是说得通。

无论哪一个巍峨的古城楼，或一角倾颓的殿基的灵魂里，无形中都在诉说，乃至于歌唱，时间上漫不可信的变迁；由温雅的儿女佳话，到流血成渠的杀戮。他们所给的"意"的确是"诗"与"画"的。但是建筑师要郑重地声明，那里面还有超出这"诗""画"以外的"意"的存在。眼睛在接触人的智力和生活所产生的一个结构，在光影可人中，和谐的轮廓，披着风露所赐与的层层生动的色彩；潜意识里更有"眼看他起高楼，眼看他楼塌了"凭吊与兴哀的感慨；偶然更发现一片，只要一片，极精致的雕纹，一位不知名匠师的手笔，请问那时锐感，即不叫他做"建筑意"，我们也得要临时给他制造个同样狂妄的名词，是不？

以优美的文笔和富有创造性的文思对枯燥的古建筑进行委婉的

描述，把科学考察报告写得像散文一样具有可读性，这是林徽因对于丈夫最好的帮助，也是她作为一个建筑学者的独特贡献。

同年，林徽因又发表了《论中国建筑之几个特征》：

因为后代的中国建筑，即达到结构和艺术上极复杂精美的程度，外表上却仍呈现出一种单纯简朴的气象，一般人常误会中国建筑根本简陋无甚发展，较诸别系建筑低劣幼稚。这种错误观念最初自然是起于西人对东方文化的粗忽观察，常作浮躁轻率的结论，以致影响到中国人自己对本国艺术发生极过当的怀疑乃至于鄙薄。外人论著关于中国建筑的，尚极少好的贡献，许多地方尚待我们建筑家今后急起直追，搜寻材料考据，作有价值的研究探讨，更正外人的许多隔膜和谬解处。

林徽因的论述也解释了为什么她和梁思成不利用自己的专业去做工程做设计，轻松快速地赚钱（当时北平只有两家中国人开办的建筑事务所，以梁林两人的留学背景，做这样的事情轻而易举），而是选择了冷门的中国古建筑作为研究对象。

1932 年 8 月，梁家的第二个孩子出生了，是个男孩。夫妇俩给孩子命名为"从诫"，意在纪念宋代建筑学家李诫。

日子一天天过去，孩子们慢慢长大，可以经受与母亲短暂的离别了。林徽因迫不及待地加入营造学社的考察队伍，和丈夫一起跋山涉水，风餐露宿，辗转于穷乡僻壤、荒郊野外，对中国的古建筑进行详细的考察。

1934 年，梁思成的《清式营造则例》由中国营造学社出版，林徽因为该书写了《绪论》。

## 石窟与塔的旋律

从北平开来的火车停在了大同站。一下车，梁思成、林徽因还有营造学社的同事都愣住了，这就是辽、金两代的陪都西京吗？

从火车站广场上望出去，没有几座像样的楼房，大都是些窑洞式的平房，满目败舍残墙。大街上没有一棵树，尘土飞扬直迷眼睛。

车站广场上聚集着许多驼帮。林徽因头一回看到大群大群的骆驼，成百上千的骆驼一队队涌进来。这些傲岸而沉默的生物的影子，被九月的夕阳拉得长长的，驼铃苍凉地震响了干燥的空气。这大群的骆驼总是让人想起远古与深邃，想起大漠孤烟与长河落日，这情景，仿佛是从遥远年代飘来的古歌。

林徽因、梁思成加上刘敦桢和莫宗江一行四人，沿着尘土飞扬的街道搜寻旅馆，强烈的骆驼粪尿气味熏得他们捂着鼻子直咳嗽。偌大一个大同城，竟然找不到一家能够栖身的旅馆。街上全是大车店一类的简陋的旅社，穿着羊皮服的骆驼客成帮结伙蹲踞在铺面的门口，呼噜呼噜喝着盛在粗瓷蓝花大碗里的玉茭稀粥，剃得精光的头顶冒着热气。

林徽因走到哪里，就在哪里引起一片骆驼客的骚动。刘敦桢打趣道："真是耕者忘其犁，锄者忘其锄，来归相怨怒，但坐观罗敷啊！"

可是很快他们就高兴不起来了。

跑了大半个城，天都快黑了，也没找到可容身的住处，四个人只好又折回火车站。本来身体就有旧伤的梁思成，这一折腾腰酸背痛，连连讨饶："看来只有蹲火车站啦！"

　　大家认命地进了候车室。还没安顿好，突然有谁喊了一声："这不是梁思成？"

　　梁、林二人惊诧地转过身，一位穿着铁路制服的大汉站在他们面前。两个人一起惊喜地喊起来："刘大个子，你怎么到这儿了？"

　　刘大个子说："这话该我问你们啊。"

　　梁思成说："我们来考察古建筑，跑遍了大同城，连个住处都找不下。"

　　林徽因高兴地跟刘敦桢和莫宗江介绍："这是我们在宾大的同学老刘，他是学铁路的。看样子我们今晚不用蹲车站了。"

　　老刘朗声笑道："我这个站长还能让你们蹲车站？走，到我家去。"

　　老刘用莜麦片炒山药蛋和黄糕做晚餐招待他们。莫宗江吃多了，

林徽因（左二）、梁思成、刘敦桢和莫宗江赴云冈考察途中。

橡树旁的木棉

171

1934年夏，林徽因在山西汾阳小杨村考察。

肚子胀得像鼓一样，跑了好几次厕所。林徽因说："莜麦片吃多了就这样，真忘记告诉你了。"

翌日一大早，老刘开着弄来的敞篷吉普车陪同他们去云冈。

出大同城西30多里，便是云冈石窟。石窟依武周山北崖开凿，面朝武烈河，50多座洞窟一字排开。这座石窟开凿于北魏文成帝和平初年（公元460年），与中原北方地区的洛阳龙门石窟和西北高原的敦煌莫高窟为中外知名的三大石窟。《魏书释老志》有记载，北魏和平年间（公元460～465年），高僧昙曜主持在京城郊武周塞开凿了五所石窟，即云冈16至20窟，后人称"昙曜五窟"。它是云冈石窟群中最早的五窟。其他各洞窟完成于北魏太和十九年（公元495年）迁都洛阳之前。其主要洞窟大约在四十年间建成。北魏地理学家郦道元在《水经注漯水》中写道："凿石开山，因岩结构，真容巨状，世法所希。山堂水殿，烟寺相望，林渊锦镜，缀目新眺。"使后人可窥当时之盛况。

营造学社的一行人完全被这石窟的壮美镇住了。云冈石窟的开凿，不凭借天然洞窟，完全以人工劈山凿洞。昙曜五窟，平面呈马蹄形，弯窿顶是苦行僧结茅为庐的草庐形状，主佛占据洞窟的绝大部分空间，四面石壁雕以千佛，使朝拜者一进洞窟必须仰视，才得

人间四月天的刹那芳华 林徽因 传

窥见真容。这五尊佛像，是昙曜和尚为了取悦当时的统治者，模拟北魏王朝五位皇帝的真容而雕凿的。主佛像高大威严，充满尊贵神圣的气息。

《华严经》响起来了，排箫、琵琶、长笛奏出的美妙的仙乐缭绕在耳畔。这穿越了 1500 年时光的声音没有丝毫的消损，仍然轰轰烈烈地震荡着现代人的灵魂。在这里，活着的不是释迦牟尼，活着的是石头一样顽强的历史，是把这历史雕凿在侏罗纪云冈统砂岩上的无名的太史公们。远在西方雕塑之父米开朗琪罗没有诞生之前，这些无名艺术家的生命便活在这云冈统砂岩上了，便活在这有血有肉的石头里了。石头的灵魂是永远醒着的，他们要把一个个梦境千年万年地守护下去。

林徽因怔怔地聆听着这乐声，泪流满面而不自知。

他们用三天的时间考察了云冈石窟，完成了许多素描和拓片。接着他们又考察辽、金时代的巨刹华严寺和善化寺。这项工作结束以后，梁思成和莫宗江要去应县考察木塔，林徽因和刘敦桢返回北平，整理资料。

1934 年夏天，梁氏夫妇继去年 9 月云冈石窟考察之后，又来到山西吕梁山区的汾阳。

他们原本计划到北戴河度假，临行时费正清和夫人费慰梅告诉他们，美国传教士朋友汉莫在山西汾阳城外买了一座别墅，梁思成原来也想到洪洞考察，两地相距很近，于是便一同前往。

这是他们第二次山西之行。虽名为消暑避夏，怎奈夫妇二人一看到古建筑就迈不开腿，又把度假变成了工作，还请了两个免费外国帮工。费正清回忆道：

> 菲利斯（林徽因英文名）穿着白裤子，蓝衬衫，与穿着卡其布的思成相比更显得清爽整洁。每到一座庙宇，思成便用他的莱卡照相机从各个方位把它拍摄下来，我们则帮助菲利斯进行测量，并按比例绘图，工作往往需要整整一天，只是中午暂停下来吃一顿野餐。思成虽然脚有点跛，但他仍然能爬上屋顶和屋椽拍照或测量。

梁思成、林徽因在费氏夫妇的协助下，对太原、文水、汾阳、孝义、介休、灵石、霍县、赵城一带汾河流域的古代寺庙进行了一系列的考察，发现古建筑40余处。这次调查最有价值的发现，莫过于赵城的广胜寺和太原的晋祠。1935年3月，林徽因与梁思成把这次山西之行的成果写成了《晋汾古建筑预查纪略》。

"我们夜宿廊下，仰首静观檐底黑影，看凉月出没云底，星斗时现时隐，人工自然，悠然溶合入梦，滋味深长。"

"后二十里积渐坡斜，直上高冈，盘绕上下，既可前望山峦屏嶂，俯瞰田陇农舍，乃又穿行几处山庄村落，中间小庙城楼，街巷里井，均极幽雅有画意。"

"小殿向着东门，在田野中间镇座，好像乡间新娘，满头花钿，正要回门的神气。"

《晋汾古建筑预查纪略》是梁、林二人合写的。那文字中的俏皮、生动，和诗情画意，应该就是这位聪明绝顶的女诗人留给山西的印记吧。

# 与宁公遇对话

1936 年 5 月 28 日，梁氏夫妇和营造学社的同事去河南洛阳龙门石窟、开封及山东历城、章丘、泰安、济宁等处作古建筑考察。

考察中国古建筑，必定是一项艰苦的工作，舟车劳顿只是其中的一部分。对发现的古建筑进行拍照、测量、绘图、整理，也远非容易的事情。到了 1937 年，梁思成已经带着营造学社

林徽因测绘佛光寺经幢。

的学员几乎跑遍了整个华北地区。虽然有很多惊喜发现，但仍然有一个令人揪心的事实摆在眼前：迄今为止发现的所有木结构建筑都是宋辽以后的遗存。日本学者曾经断言，中国已经不存在唐代以前的木构建筑，只有在奈良才能看到真正的唐代建筑。营造学社的努力似乎也印证了这一尴尬的现实。

但是梁思成和林徽因一直没有放弃希望，他们以科学家的敏感相信着在中国某一个偏僻的角落，一定还存有真正的唐代建筑。眼下战争形势越来越紧迫，时间不多了，梁思成和林徽因加紧了野外考察的步伐。

1937年6月，他们上路了，先坐火车到太原，而后转乘汽车抵达五台县，再从那里骑乘骡轿，在崎岖陡峭的山路上走了整整两天终于到达了佛光寺。考察这座寺庙的契机很偶然。梁思成和林徽因无意间在法国汉学家伯希和的《敦煌石窟》一书中，发现了两幅描绘佛教圣地五台山全景的唐代壁画，壁画描绘了五台山的山川与寺庙，并标注了寺庙的名称。这燃起了他们内心深处残存的希望。他们决定立刻前往大山深处，看看能否找到一点儿唐代木结构建筑的残迹。

　　眼前的佛光寺业已失去往昔的光彩。推开沉重的殿门，黑暗的屋顶藻井是一间黑暗的阁楼，厚厚的尘土在藻井上累积了千年。成千上万只黑色的蝙蝠倒挂在屋檐上，尘土中还堆积着许多蝙蝠的死尸。蝙蝠聚集在黑暗的角落，三角形的翅膀扇动着令人窒息的尘土和秽气。藻井里到处爬满了臭虫，它们以吸食蝙蝠血为生。

　　这光景真是恐怖又凄凉。

　　梁思成和林徽因连忙戴上口罩。惊起的蝙蝠在他们身边飞来撞去，他们只顾得不停地测量、记录和拍照，在呛人的尘土和难耐的秽气中

一待就是几个小时。身上和背包里爬满了臭虫，浑身奇痒难耐。

在殿堂工作了三天，他们的眼睛已适应了屋顶昏暗的光线。林徽因发现大殿的一根主梁上有模糊的刻字。于是他们在佛像的间隙搭起了脚手架，清除梁上的灰尘以看清题字。林徽因从各个角度仔细辨认着，庆幸自己是个远视眼。那些隐隐约约的字迹中有人名，有长长的官职称谓。她断断续续地读出了几个字："女弟子宁公遇"。忽然灵光一闪：大殿外的经幢上好像看到过类似的名字！她急忙跑出去核实，果然，经幢上刻着"佛殿主女弟子宁公遇"。

林徽因马上向大家报告了这个喜悦的发现，原来，他们先前看到的、大殿中那尊身着便装、面目谦恭的女人坐像，并不是寺僧所说的"武后"塑像，而是这座寺庙的女施主宁公遇夫人。

一行人在佛光寺整整工作了一个星期，对整座寺院做了详细的考察记录。这座寺庙已经有超过 1000 年的历史，是思成他们历年搜寻考察中所找到的唯一一座唐代木结构建筑，比他们以前发现的最古老的建筑还要早一百多年。不仅如此，他们在这里还发现了唐代的壁画、书法、雕塑。

那一个星期是他们从事野外考察工作以来最高兴的日子，这份巨大的快乐把所有的疲倦都冲去了。

离开之前，梁思成特别给山西省政府写了报告，请求他们保护好这一处珍贵的建筑遗存。

林徽因恋恋不舍地向这座在他们的学术生涯中意义重大的古建筑告别。梁思成帮她和"女弟子宁公遇"的塑像拍了一张合影。她面对着宁公遇塑像仁蔼丰满的面容，遥想着这位女性的生平和性行，这是怎样一位女性呢？她为了信念捐出了家产修筑这座寺院，当寺院落成时，她把自己也永远地留在了这里，日日倾听着暮鼓晨钟和诵经声，谦卑地守护着缭绕的香火和青灯黄卷。

英文版《亚洲杂志》1941 年 7 月号发表了梁思成的《中国最古老的木构建筑》，其中特别提到："佛殿是由一位妇女捐献的！而我们这个年轻建筑学家，一位妇女，将成为第一个发现中国最难得的古庙的人，这显然不是一个巧合。"

没错，这不是一个巧合，而是一场注定的缘分。几千年过去了，女建筑学家林徽因和佛光寺的宁公遇四目相对，她们都是有坚韧信念的女性，为了心中的理想和信念，她付出了什么？她又付出了什么？宁公遇谦卑地沉默着。林徽因默默无言，只想自己也化为一尊塑像，让"女弟子林徽因"永远陪伴这位虔诚的唐朝妇女，在肃穆中再盘腿坐上一千年。

1937 年 7 月的五台山佛光寺考察是中国建筑史上最伟大的发现。另外还有唐代塑像 30 余尊和一小幅珍贵的唐代壁画与大殿一同被发现。这是除敦煌以外，梁思成所知道的中国本土唯一现存的唐代壁画。从那以后日本人再也不敢说要看唐代木结构建筑只能去日本这样的话了。

# 第一部中国人的建筑史

1939 年，中央博物院筹备处聘请梁思成担任建筑史料编纂委员会主任，梁思成和林徽因开始了中国建筑史的构思。这是他们夫妇十几年的一桩心事。

李庄营造学社工作室内景。

工作开始没多久，1941 年，他们得到一个不幸的消息，因为天津发大水，银行的地下室被淹，他们战前存放在那里的建筑考察资料几乎全部被毁。战前无数个日日夜夜的辛苦成果毁于一旦，林徽因和梁思成禁不住抱头痛哭。

哭过了，还是要振作精神重来。夜长梦多是他们最不愿看到的，当时正在李庄的夫妇俩决定就随身携带的资料，和营造学社的同事们一起全面系统地总结整理他们的调查成果，着手撰写《中国建筑史》。同时，用英文撰写说明并绘制一部《图像中国建筑史》，这是梁思成和林徽因从留学美国时就埋在心底的夙愿。

但梁思成的身体状况已经不允许他如此超负荷地工作。他的脊椎病复发了，写作的时候，身体支不住，只好拿一只玻璃瓶垫住下巴。

林徽因这时身体也已经不好，时常大口大口地咯血，大部分时间只能在床上靠着被子半躺半坐。即使是这样，她仍然为《中国建筑史》倾注了大量心血。她翻译了一批英国建筑学期刊上的学术论文，让丈夫从史语所给她借回来许多书，通读二十四史中关于建筑的部分，帮助丈夫研究汉阙、岩墓。

用金岳霖的话说，林徽因那段时间"全身都浸泡在汉朝里了，不管提及任何事物，她都会立刻扯到那个遥远的朝代去，而靠她自己是永远回不来的。"

梁思成在这段时间给费正清写的信当中也提到了这件事情：

徽因这些日子里，她对汉代的历史入了迷。有人来看她时，无论谈到什么话题，她都能联系到那个遥远的朝代去。她讲起汉代的一个个帝王将相、皇后嫔妃，就像在讲自己最要好的朋友一样熟悉。她把汉代的政治经济、礼仪习俗、服饰宴乐与建筑壁画结合在一起进行研究，做了大量的摘录和笔记。她甚至想就这段历史写一部剧本。

战时经济困难，梁思成的中国营造学社已经"挂靠"到中央研究院，纳入正式编制，学社的同事有了固定的工资，一些资助也陆续到位。林徽因特别高兴，她写信给费慰梅，难掩喜悦之情：

梁思成与林徽因对古建筑的考察充满了热情，他们的足迹遍及全国190个县市，对考察路途上的艰辛和测绘工作的辛劳丝毫没有怨言。

思成的营造学社已经从我们开始创建它时的战时混乱和民族灾难声中的悲惨日子和无力挣扎中走了出来，达到了一种全新的状态。它终于又像个样子了。同时我也告别了创作的旧习惯，失去了同那些诗人作家朋友们的联系，并且放弃了在我所喜爱的并且可能有某些才能和颖悟的新戏剧方面工作的一切机会。

林徽因和梁思成在艰苦的环境中忘我地工作着。梁思成给费正清写信说：

很难向你描述也是你很难想象的：在菜油灯下做着孩子的布鞋，购买和烹调便宜的粗食，我们过着我们父辈在他们十几岁时过的生活但又做着现代的工作。有时候读着外国杂志看着现代化设施的彩色缤纷的广告真像面对奇迹一样。我的薪水只够我家吃的，但我们为能过这样的日子而很满意。我的迷人的病妻因为我们仍能不动摇地干我们的工作而感到高兴。

1942年年底，从李庄回到重庆的费正清，给夫人写信讲述了梁氏夫妇撰写中国建筑史的情况：

思成的体重只有四十七公斤，每天和徽因工作到夜半，写完十一万字的中国建筑史，他已透支过度。但他和往常一样精力充沛和雄心勃勃，并维持着在任何情况下都像贵族一样的高贵和斯文。

肺病缠身的林徽因全然忘我的投入在工作中，承担了中国建筑史全部书稿的校阅，并执笔写了书中的第七章 五代、宋、辽、金部分。这一章是全书的主干，共有七节，分别为：五代汴梁之建设；北宋之宫殿苑囿寺观都市；辽之都市及宫殿；金之都市宫殿佛寺；

橡树旁的木桶

南宋之临安；五代、宋、辽、金之实物；宋、辽、金建筑特征之分析。她介绍了宋、辽、金时代，中国宫室建筑的特点和制式，以及宗教建筑艺术，中国塔的建筑风格，辽、金桥梁建设，乃至城市布局和民居考证。仅是中国的塔，她就列举了苏州虎丘塔、应县木塔、灵岩寺辟支塔、开封祐国寺铁色琉璃塔、涿县北塔及南塔、泰宁寺舍利塔、临济寺青塔、白马寺塔、广惠寺华塔、晋江双石塔、玉泉寺铁塔等数百种。细心地研究了它们各自的建筑风格、特点、宗教意义，成为集中国塔之大成的第一部专著。

另外，林徽因还以详实的资料，分析了中国佛教殿宇的建筑艺术，对正定县文庙大成殿、山西榆次永寿寺雨华宫、辽宁义县大奉国寺大殿、山西五台佛光寺文殊殿、正定龙兴寺摩尼殿和转轮藏殿、宝坻广济寺三大士殿、山西大同华严寺薄伽教藏及海会殿、善化寺大雄宝殿、河北易县开元寺毗卢、观音、药师三殿、少林寺初祖庵大殿、山西应县净土寺大雄宝殿、河南济源奉仙观殿、江苏吴县玄妙观三清殿等殿宇的建成年代、廊柱风格、斗拱结构、转角铺作诸方面进行了论证与分析。这些都是前人没有做过的事情。

尽管身体承受着痛苦，但梁思成和林徽因在工作中得到了极大的快慰，倾注在创作中的时候，他们早就忘记了病痛，忘记了时间和空间。

他们梦想着，等仗打完了，等病好了，能再去全国各地考察。梁思成对妻子描述着他的憧憬："我做梦都想着去上一趟敦煌呢！如果上帝肯给我健康，就是一步一磕头，也要磕到敦煌去！"林徽因

费正清夫妇与梁思成、林徽因夫妇合影。

则说她最向往去考察江南民居，在江南呆了这许多年，没来得及实地考察实在是个遗憾。

《中国建筑史》成书于 1944 年，它的问世，结束了没有中国人写的《中国建筑史》的缺憾，纠正了西方人对中国建筑艺术的偏见和无知。这部划时代的著作的作者署名是梁思成。是的，没有林徽因。她收集资料、提供灵感、执笔写作、文字加工，到最后校对书稿，亲自用钢板和蜡纸刻印。但是她却不曾署名！

对林徽因存有偏见的人，认为她的文学造诣比不上谁谁谁，在建筑学上，又沾了丈夫的光。他们忽略了，诗歌也好，小说也好，散文也罢，并不是林徽因刻意为之。写诗，是她耳濡目染，有感而发，只不过灵气浑然天成，恰好在现代文学中留了一笔。建筑，她倾心热爱，一生不悔。也许对她来说，这已经不仅仅是一项事业，更是与梁思成爱情的见证和根基。

## 颠沛流离

　　动乱年代，无论你多么想要安稳，都免不了颠沛流离的奔走。这一路上，任何落脚之处都是人生驿站。我们可以把这驿站当作灵魂的故乡，却永不能当作安身立命的归宿。人这一生，只有当结束的那一瞬间，才是真正的归宿。不，甚至你还不知道你的骸骨将要被放置于何处。

　　这是昆明，这里有最美的云，最轻柔的风，最艳的花。可是因了战争和病痛，一想起来，尽是酸楚。

　　知道她为了建筑事业奔波田野都市，但她的人生中，还有这么多坎坷。人在漂泊的时候，总会感到自己力量的薄弱，许多时候，我们无力填平人生的沟渠，就只能任由流水东逝。

　　到底怎样才能全然不怕伤痛，怎样才能求得一时平稳？可还是有人，始终不愿向岁月低头。

# 九死一生

如水岁月如水光阴，本该柔软多情，而它偏生是一把锋利的刀，雕刻着容颜，削薄了青春，剐去残存的一点梦想，只留下支离破碎的记忆。这散乱无章的前尘过往，还能拼凑出一个完整的故事吗？

1937年7月，梁思成和林徽因正与营造学社的同仁们在山西考察，12号到达代县，他们就听到了"卢沟桥事变"的消息。一路上发现佛

1937年，林徽因在山西榆次考察。

光寺的兴奋，立刻被当头浇下一桶冷水。想到九一八事变之前，日寇在沈阳的种种暴行，大家的心情沉重无比。山中一日，世上千年，他们在深山僻壤中辛勤工作的时候，外界已经发生了翻天覆地的变化。梁思成不禁一声长叹，道："事不宜迟，还是快点回北平吧。"

刚回到北平，浓烈的火药味即刻扑面而来。宋哲元二十九军的兵车从大街上呼啸着开过，卷起的尘土像不祥的狼烟。回到布总胡同，又见士兵们在门口挖起了堑壕，好像要打一场大仗的样子。朋友们听说梁氏夫妇考察归来，便相约来到布总胡同。那时北平人心

惶惶，大家都用实际行动支持宋哲元，梁思成、林徽因和刘敦桢一起，在北平教授致政府要求抗日的呼吁书上签了字。

战云压城，营造学社的工作无法继续，大家最担心的就是这几年积累下来的资料落入敌手，他们决定把这些资料转移到天津英租界英资银行保险库中存放。

战争烧到了太太客厅门口，但"我们的太太"却没有惊慌失措，她给女儿梁再冰写信，沉着地说：

如果日本人要来占北平，我们都愿意打仗！那时候你就跟着大姑姑那边，我们就守在北平，等到打胜了仗再说。我觉得现在我们做中国人应该要顶勇敢，什么都不怕，什么都顶有决定才好。

林徽因什么都不怕，但不久之后，他们听到了守军撤兵的消息。看着满街的太阳旗，一种强烈的耻辱感涌上林徽因和梁思成的心头。

有一天，夫妇俩受到署名为"大东亚共荣协会"的请柬，邀请他们参加一个会议，林徽因愤怒地把请柬撕碎了，他们决定举家南迁。

1937 年的夏末秋初，总布胡同三号的四合院里仍然像往年那样生机勃勃，矮墙边的指甲花逗引着蜜蜂蝴蝶，粉红色的夹竹桃，也正开得绚烂。丁香花散播着幽幽的香气，院落被浓郁、和平、宁静的芬芳包围着。

但林徽因却和丈夫扶老携幼，带着简单的行李，在 8 月的一个黄昏，匆匆离开了这里，在弥漫的狼烟中向天津出发。

梁氏夫妇、金岳霖和清华的两位教授，下了从北平来的火车，眼前的情景比他们想象的还糟糕。车站里到处是荷枪实弹的日军，天桥上架着机关枪，每一个过往的旅客都受到严厉的盘查。日军把他们认为可疑的人集中到角落里，用枪托在他们头上身上打着。一时间，日本兵的叫骂声，小孩惊恐的哭闹声和大人的哀求声混成一片。

临街的墙上到处刷满了"中日亲善""东亚共荣""建设大东亚新秩序"之类的黑色标语。街道上行人寥落，一队队巡逻的日本兵列队走过，树上的蝉也噤了声。

天津在血与火中颤抖着呻吟。

回到英租界红道路的家，还能稍微得到点安全感，但睡梦中总会被枪炮声吵醒。他们不敢久留，决定先乘船到青岛，然后南下到长沙。

之所以选择长沙，是因为他们从朋友处得到消息，国民党政府教育部指定清华大学、北京大学和南开大学三校联合，以长沙为校址组建第一临时大学。校址选在长沙，受益于清华的政治敏锐度。早在 1935 年，清华出于对局势动荡的考虑，就打算在长沙建立分校。他们一早就把贵重的中英文图书和精密仪器悄悄装箱，秘密运到了汉口，同时拨款在长沙岳麓山下建立新校舍，预计 1938 年初即可完工使用。

9 月初，他们搭乘一艘英国商船，从新港出发，驶入烟波浩渺的大海。船到烟台，那里也已战云密布，中日军队正在烟台对峙着。一行人上有老下有小，不敢在这里留宿，马上转乘去潍坊的汽车，在那里住了一夜，第二天一早，又坐上了开往济南的第一班火车。

胶东半岛已经满目疮痍。火车在胶济线上行驶，不时有日军的飞机呼啸着掠过。每当这时火车就立刻停下来拉响警报，乘客大呼小叫地跑下车。飞机飞得很低，几乎能看见机身上的"太阳"标记。小弟天真地问："妈妈，那是舅舅的飞机吗？"

林徽因说："不是，那是日本鬼子的飞机。"

"那舅舅的飞机为什么不来打他们呀？"

"会来的，会来的。"林徽因摸着儿子的头，不知道是在对孩子说还是给自己打气。

火车走走停停，下午三点总算到了济南。

济南所有的旅店都爆满，梁思成跑到山东省教育厅，有他们帮忙，总算在大明湖边找到一间条件尚可的旅店栖身。

在济南住了两天，他们继续南下，经徐州、郑州、武汉，终于

林徽因在五台山塔院寺考察。

在 9 月中旬到了长沙。

9 月的长沙热得像蒸笼，下了火车，在路边摊吃了几块西瓜解暑，林徽因一家就在火车站附近租了两间房子。这是一座二层灰砖楼房，房东住在楼下，楼后有个阴暗的天井。

在担惊受怕中疲于奔命，何雪媛支撑不住第一个病倒了。梁思成、林徽因只好承担起烧饭洗衣这些家务事。好在南方暂无战事，他们可以稍微喘口气观望局势，再作打算。

林徽因的其他朋友——一些北大和清华的教授也陆续来到长沙，张奚若夫妇和梁思永一家也来了。梁氏夫妇这个刚刚安置下来的简陋的家，又成了朋友们的聚会中心。现在他们讨论的话题总是战局和国内外形势。有时晚上聊到激动处，就一起高唱抗日救亡歌曲，有时用中文唱，有时用英文唱。梁思成担任指挥。连宝宝也学会了好几首歌，天天唱着"向前走，别退后"。

11 月下旬的一个下午，天空忽然出现大批飞机。小弟在阳台上喊着："妈妈，妈妈，舅舅的飞机来了！"梁思成跑到阳台上远远望去，还没看清楚，乌鸦一样的机群，号叫着投下了炸弹。梁思成还没反应过来，炸弹便在楼下开了花。他一把抱起小弟，林徽因抱着宝宝，搀着母亲下楼。门窗已经被震垮，到处是玻璃碎片。刚走到楼梯拐角处，又一批炸弹在天井里炸响。林徽因被气浪冲倒，顺着楼梯滚到院子里。楼房倒塌了，一家人逃到大街上。街上黑烟弥漫，好几所房子正烧着大火，四处是人们惊慌的哭叫。

清华、北大、南开挖的临时防空壕就在离他们家不远处。一家人往那里跑的时候，飞机再次俯冲，炸弹呼啸而至，其中一颗落在他们身边。林徽因和丈夫紧紧护住两个孩子，只一个瞬间，他们绝望地对视了一眼，然而这颗炸弹却没有爆炸。

飞机飞走后，他们从焦土里扒出还能找得见的几件衣物。刚刚安置好的家，又化作一堆废墟。一家五口东一家西一家在朋友那里借住了好一段日子，直到和金岳霖一起住在了长沙圣经学院。

那是日军第一次轰炸长沙，4架飞机在长沙上空投弹6枚，死伤300余人。等国民党空军飞机起飞时，日机已经扬长而去。

林徽因在1937年给费慰梅写信描述了这次轰炸：

炸弹就落在我们房门口大约十五米的地方，天知道我们怎么没被炸成碎片！先听到两声稍远处的爆炸和接着传来的地狱般的垮塌声音，我们各自拎起一个孩子就往楼下冲，随即我们自己住的房子就成了碎片。你们一定担心死了，没事！如果真有不测发生，对我们来说算是从眼前这场厄运中解脱。天啊，什么日子！

有了这样的开头，长沙也不再是一片净土了。日军隔三岔五地扔炸弹，长沙城很快就满目疮痍。

## 沅陵梦醒

1937年11月末，梁家离开长沙，乘公共汽车，取道湘西，前往昆明。

从长沙到昆明，要经过沈从文的老家凤凰。林徽因早就在他的小说中领略过凤凰的风光了。凤凰城在湘、川、黔接壤处的山洼里，四面环山，处处可见自然造化的鬼斧神工。茂密的原始森林是这座石头城的天然屏障。沱江自贵州的铜江东北流入湖南境内，过凤凰城北，在东北向注入湘西著名的武水。一架飞桥架在沱江江面，住家的房子在桥西两侧重叠着，中间是一道自然被分割出来的青石小街。桥下游的河流拐弯处有一座万寿宫。从桥上就能欣赏到万寿宫塔的倒影。凤凰城以多泉著名，泉水从山岩的缝隙中渗出来，石壁上是人

20世纪30年代的林徽因。

们凿出的壁炉一样的泉井，泉井四周生满了羊齿形状的植物，山岩披上了青翠的纱裙。

这新鲜生动的景色让日夜担惊受怕的一家人心情放松了一些。

人间四月天的刹那芳华 林徽因

沈从文人在武昌，连连写信给林徽因，邀请梁家去自己老家小住几日，还说不方便的话，自己的哥哥住在沅陵，它被称为"湘西门户"，是长沙到昆明汽车的必经之地。林徽因盛情难却，便同梁思成商量，决定路过沅陵时停留两天看看沈从文笔下的湘西，看看沈从文的家乡和亲人。

　　湘西是传说中土匪横行之地。一家人提心吊胆地在沅陵下了车，在官镇住了一晚，竟是出乎意料地安全平静。店家很淳朴，满目的青山绿水更是令人心情格外沉静。第二天一大早，梁思成和林徽因就带着孩子们去拜访沈从文的大哥。沈家大哥的房子盖在小山上，四周溪流淙淙，宛如世外桃源一般。

　　林徽因不禁对梁思成感叹道："真是不虚此行，不来湘西，永远认为翠翠那样的人物是虚构的，来了才知道这里肯定有许多个翠翠。"

　　梁思成戏道："嗯，说不定在沈大哥家就有一个翠翠在等着我们呢。"

　　他们在沈大哥家受到了热情的款待。那热情不是用语言，而是用饭桌上一道又一道美味的菜色，一碗又一碗香醇的美酒，一杯又一杯清冽的鲜茶表达出来的。晶莹饱满的米饭，风味十足的蒜苗炒腊肉，肉质鲜美的沅水鲑鱼，还有在北平亦很少有机会品尝的山鸡、野猪肉……他们太久没有享受到这样优渥的物质生活了。小弟和宝宝狼吞虎咽的吃相让林徽因有点尴尬，不断小声提醒孩子们斯文客气一些。女主人倒是善解人意，沈太太说："没关系，孩子这是在吃长饭呢！爱吃这里的饭菜，以后一定还要来啊。"

当然，沈家没有一个翠翠让他们见，倒是意外地见到了另一个人，沈从文的三弟。他在前线打仗负了伤，回家来休养。吃了饭，他们在廊边吃茶，一边畅谈时事，不知不觉时间就过去了。

林徽因和梁思成依依不舍地告别了沈家大哥，离开了梦一样的沅陵。

在颠簸的汽车上，林徽因提笔给沈从文写信：

我们真欢喜极了，都又感到太打扰得他们（注：沈从文大哥）有点过意。虽然，有半天工夫在那楼上廊子上坐着谈天，可是我真感到有无限亲切。沅陵的风景，沅陵的城市，同沅陵的人物，在我们心里是一片很完整的记忆，我愿意再回到沅陵一次，无论什么时候，最好当然是打完仗！

说到打仗你别过于悲观，我们还许要吃苦，可是我们不能不争到一种翻身的地步。我们这种人太无用了，也许会死，会消灭。可是总有别的法子，我们中国国家进步了，弄得好一点，争出一种新的局面，不再是低着头的被压迫着，我们根据事实时有时很难乐观，但是往大处看，抓紧信心，我相信我们大家根本还是乐观的，你说对不对？

这次分别大家都怀着深忧！不知以后事如何？相见在何日？只要有着信心，我们还要再见的呢。无限亲切的感觉因为我们在你的家乡。

牧歌般的沅陵梦一般的消失了，一家子在战争的缝隙之间偷得一口气，现在又要挣扎在残酷的现实中。夫妇俩扶老携幼继续颠簸的旅途。从湖南到昆明，海拔也越来越高，山路越来越险。他们乘坐的汽车是老掉牙的铁家伙。林徽因在途中写给费慰梅的信透露了这个苟延残喘的交通工具是怎么把他们弄到目的地的：

为了能挤上车，每天凌晨一点我们就要摸黑爬起，抢着把我们少得可怜的行李和我们自己塞进汽车，一直等到十点，汽车终于开动。这是一辆没有窗户、没有点火器，实际上"什么也没有"的家伙，爬过一段平路都很困难，何况是险峻的高山。

经过晃县时，林徽因发起高烧，幸好意外遇见一群航空学校地学员，腾了一处地方给他们。梁思成又找了一位懂得中草药的女医生，给林徽因开了中药，养了半个月，才退了烧。一家人告别朝夕相处的8个学员和女医生，又继续赶路。

他们乘坐的这辆汽车，经常抛锚。有一回，车子开到一处地势险峻的大山顶上，突然停住不动了。天色已晚，大病初愈的林徽因在寒风中快被冻僵了。乘客们都很害怕，因为这里常有土匪出没，

大家不停地抱怨着。

梁思成懂得机械原理，主动和司机一起修车，寻找车"罢工"的原因。他把手帕放进油箱，拿出来一看，手绢是干的，原来是汽油烧完了。这地方前不着村后不着店，又不能在车上过夜，梁思成召集乘客，大家一起推着车慢慢往山下走。太阳落山的时候，忽然一个村子奇迹般出现在路旁。大家都欢呼起来。

过了贵阳、安顺和镇宁，前面就是举世闻名的黄果树瀑布了。远远就听到轰鸣的水声。汽车在距离瀑布两公里的地方停下来，大家急不可待地循着水声的方向奔去。

一道宽约30多米的水帘飞旋于万丈峭壁，凭高做浪，发出轰然巨响，跌入深深的犀牛潭。飞瀑跌落处掀起轩然大波，水雾迷蒙中，数道彩虹若隐若现，恍若仙境。

林徽因立于百丈石崖之下，出神地凝望着眼前壮美的白练，听着奔腾的仿佛具有生命的活力的水声，对站在身边的梁思成说："思成，我感觉到世界上最强悍的是水，而不是石头，它们在没有路的绝壁上，也会直挺挺地站立起来，从这崖顶义无反顾地纵身跳下去，让石破天惊的瞬间成为永恒，让人能领悟到一种精神的落差。"

梁思成说道："你记得爸爸生前跟我们说过的话吗？失望和沮丧，是我们生命中最可怖之敌，我们终身不许它侵入。人也需要水的这种勇敢和无畏。"

车子再一次徐徐启动，过晋安，下富源，奔曲靖，春城昆明已经遥遥在望。

## 昆明艰难

穿过陡峭的悬崖绝壁和凹凸不平的土路，1938 年 1 月，林徽因一家晃晃悠悠，奇迹般地被驮到了春城。

昆明的春天不是奢侈之物。那垂柳，好像一天就换一件新衣裳似的，永远是翠绿中透出新鲜的鹅黄。季节的变迁只从天空的色泽中才能感知一二。早春的天空，是玻璃样的青色，是画家的画板上调制不出来的那种颜色。云总是疏疏懒懒地在天空的边角挂着，如果你不在意，八成会以为那是谁挂在那儿的一张网片。

林徽因和梁思成还算幸运，通过老朋友的关系很快找到了居所。而且环境相当不错，就在翠湖巡律街前市长的宅院里。虽然是借住，但毕竟有了一个舒适的落脚之地了。

张奚若夫妇与梁家比邻而居。出门不远，便是阮堤。散步时，穿过听莺桥，就能到海心亭去坐坐。

林徽因很喜欢海心亭。作为建筑，它倒是没什么特色，林徽因喜欢的是里面的对联：有亭翼然，占绿水十分之一；何时闲了，与明月对饮两三。

但落难的人没有太多闲情逸致。

从长沙到昆明这一个多月的长途跋涉，梁思成这个家里的顶梁柱也倒下了。脊椎病痛排山倒海地袭来，即使穿了那件从不离身的铁背心，由于背部肌肉痉挛，也难以直起身子。

痛得最厉害的时候，梁思成整夜整夜无法入睡。医生诊断说是扁桃体化脓引起的，于是切除了扁桃体，又引发了牙周炎，满口的牙也给拔了，只能躺在一张帆布床上。医生让他找点简单的事情做做，分散一些注意力，以免服用过量的镇痛剂引起中毒。

于是梁思成就只有两件事情可做，一是拆旧毛衣，二是补袜子。梁思成有一双灵巧的手，画得一手好图，他做梦也没想到，这种技能也能用来补袜子。多年之后，梁再冰还能清楚地回忆起父亲半躺在帆布床上补袜子的情景。他做得非常专心，简直把手中的破袜子当成了艺术品，细心地穿针引线，反复搭配颜色，然后用彩线把袜子织补起来。建筑学家补出来的袜子果然相当漂亮。梁思成当了大约一年的"织补匠"，身体逐渐好转，可以下地自如活动了。

家中顶梁柱倒了，老母亲卧病在床。林徽因，这个昔日太太客厅优雅美丽的女主人，现在是一个被肺病折磨着的女病人，必须要撑起这个家。为了赚钱，林徽因给云南大学的学生补习英语，每周六节课，每月可以挣到四十块钱的课时费。每次上课，她都得翻过四个山坡，昆明海拔高，稀薄的空气对林徽因脆弱的肺是个巨大的考验。

月底拿了钱，林徽因就去昆明城里转悠。她想买外出考察古建筑用的皮尺，这个是现在急需的工具。转了半天，终于在一间杂货店看到了皮尺。一问价钱，23块——这也太贵了！但林徽因咬咬牙买了下来。然后呢，还得给小弟和宝宝一人买一双鞋了。孩子们的

1938年林徽因（左四）、梁思成（左二）和女儿、儿子与金岳霖（左一）等在昆明合影。

旧鞋子早就开了花，天冷了，冻脚。还得去割一点肉来，家里已经几月不知肉味了。老的老，小的小，病的病，营养不能太缺……林徽因精打细算着身上的几十块钱，到后来还是所剩无几。天快黑了，她拖着疲倦的身子，回家烧饭。

一个人怎么分配手头有限的金钱，大体就能看出这一样样事物在他心里的分量。皮尺代表她钟爱的建筑事业，这份事业是她的生命，被她排在第一位。她是幸运的，那个与她相爱的人，支持着她的选择。他们开创了一片事业的新天地，他们的爱情亦开了花，结了果。

林徽因痴迷于建筑，家务活自然成了拖后腿的"元凶"。林徽因觉得没有比做家务更无聊更浪费时间的了。即使风餐露宿的野外考察，也没有比这来得更糟心。家务活，这个大部分女性无法分离的伙伴，几乎困扰了这个女学者的一辈子。她在给费慰梅的信中这样描述自己的生活：

我一起床就开始洒扫庭院和做苦工，然后是采购和做饭，然后是收拾和洗涮，然后就跟见了鬼一样，在困难的三餐中根本没有时间感知任何事物，最后我浑身痛着呻吟着上床，我奇怪自己干嘛还活着。这就是一切。

即使是偏于一隅的春城，也逃不开无处不在的战争。1938年9月28日，日军第一次轰炸昆明。从那天开始，这个他们原本以为安全的世外桃源，也要裸露在战争的伤口中。

昆明五华山的山顶有一座铁塔，塔上挂一个灯笼，叫预行警报；挂上两个灯笼，叫空袭警报；要是挂上了三个，就是紧急警报了。预防警报一挂出来，马上就得跑。躲警报成了昆明人日常生活的一部分。到最后，大家都对它习以为常了。

最最亲爱的慰梅、正清，我恨不能有一支庞大的秘书队伍，用

人间四月天的刹那芳华 林徽因 传

她们打字机的猛烈敲击声去盖过刺耳的空袭警报，过去一周以来这已经成为每日袭来的交响乐。别担心，慰梅，凡事我们总要表现得尽量平静。每次空袭后，我们总会像专家一样略作评论："这个炸弹很一般嘛。"之后我们通常会变得异常活跃，好像是要把刚刚浪费的时间夺回来。你大概能想象到过去一年我的生活的大体内容，日子完全变了模样。我的体重一直在减，作为补偿，我的脾气一直在长，生活无所不能。（1939 年致费慰梅的信）

尽管林徽因用轻松的口吻安慰着好友，但事实可不是那样轻松，昆明的形势也越来越严峻了。1940 年 7 月，日军攻占了越南，战时中国海路运输的国际交通线被切断了。云南成为前线，昆明自然变成了日军的主要轰炸目标。五华山的警报越来越频繁，警报级数也越来越高。有时候，一天就能轰炸好几次，轰炸之前活生生的一个人刚才还跟着大家一块儿逃命，等飞机离开，那个人已经在混乱中被炸弹带离了这个令人绝望的世界。

昆明的天空失去了往日的宁静，日本人的飞机不断前来骚扰。联大的教授们为了保全性命，只好拖家带口地疏散到昆明郊外各处。

当时，美国有好几所大学和博物馆聘请梁思成和林徽因到美国工作和治疗，梁思成婉言谢绝道："我的祖国正在灾难中，我不能离开她；假如我必须死在刺刀或炸弹下，我要死在祖国的土地上。"

营造学社的几位骨干陆陆续续来到昆明，于是梁思成把大家组织起来，打算恢复工作，考察西南地区的古建筑。这一阶段，后来成为营造学社起死回生的关键时期。为了尽快筹到资金，梁思成致

艰难时日中的林徽因一家及金岳霖等友人。

信中华教育文化基金会董事会的周诒春，申请基金补助。周诒春回信说，只要有梁思成和刘敦桢，基金会就会承认营造学社，也会继续提供补助。正好刘敦桢从湖南新宁老家来了信，说愿意到昆明来。这样，营造学社西南小分队就组建起来了。

1938年10月到11月间，考察组调查了圆通寺、土主庙、建水会馆、东西寺塔等50多处古建筑，几乎涵盖了昆明的主要古建筑。

为了躲避空袭，梁家和营造学社由傅斯年任所长的中央研究院历史语言研究所搬到了昆明市东北八公里处的龙泉镇龙头村附近的麦地村，借住在一间名为"兴国庵"的庵堂里。绘图桌与菩萨们共处一殿，只用麻布拉了一道帐子。梁思成和林徽因的家就安在大殿旁一间半泥土铺就的小屋里。由于屋内非常潮湿，他们只能把石灰洒在地上吸走潮气。

1939年9月至1940年2月，梁思成率领考察队对四川西康地区35个县的古建筑进行了野外勘察，发现古建筑、摩崖、崖墓、石刻、汉阙等多达730余处。在这期间，梁思成又为西南联合大学设计了校舍。林徽因身体不好，便留在兴国庵主持日常工作，但也完成了云南大学女生宿舍"映秋院"的设计。

战争把本就遥遥无期的归期推到了完全看不见的黑暗之中。总是在庵堂住着不是办法，梁氏夫妇决定在龙头村北侧棕皮营靠近金汁河埂的一块空地为自己设计建造一座住房。

1940年春天，梁思成和林徽因亲手设计并建造完成了这间80多平方米的住宅，有3间住房和1间厨房。这座小屋背靠高高的堤坝，上面是一排笔直的松树，南风习习吹拂着，野花散发出清新的香，短暂的平静让人错觉又回到了往昔的生活。

这是梁思成、林徽因夫妇一生中唯一一次为自己设计建造住房。

后来，老金在他们住房的尽头又加了一间耳房，权当作他的居室。他每天白天去联大讲课，晚上才能赶回来，好不辛苦。钱端升等一群老友也在这里建了房子，大家都为这"乔迁之喜"自豪，这里的每一块砖，每一块木板，每一根钉子都浸透着他们的汗水。此时，北平太太客厅的欢乐，又得以在这里重聚了。

梁家为了建造这三间住房，花光了所有的积蓄。为了省钱，"不得不为争取每一块木板，每一块砖，乃至每根钉子而奋斗"，还得亲自运木料，做木工和泥瓦工。尽管这样，这个家也已经到了山穷水尽的地步。还好在此时，费正清、费慰梅夫妇寄来一张给林徽因治病的支票，才算付清了建房欠下的债务。

梁思成1940年在昆明写给费氏夫妇的信，流露出当时他们所处的窘境：

我们奇缺各种阅读和参考书籍。如果你们能间或从二手书店为我们挑选一些过期的畅销书，老金、端升、徽因、我，还有许多朋友都将无上感激。我们迫切希望阅读一些从左向右排列的西文书籍，现在手边通通都是从上到下排列的中文古书。我发现，我在给你们写信索要图书时，徽因正在给慰梅写信索要一些旧衣服，看来我们已经实实在在地沦为乞丐了。

不仅仅是梁家陷入绝境，随着国军节节败退，更多的内地难民涌入昆明，人口激增导致昆明物价节节攀升，昔日生活富足的教授、学者们全都陷入赤贫。为了贴补家用，联大的教授到中学兼职上课，闻一多打出了刻章广告，梅贻琦校长等13名教授联名为他推荐。生物系的教授发动大家开垦荒地，住地唐家花园被他们变成了菜园，梅贻琦的夫人韩永华和另外两位有名教授的夫人一起做了点心，拿到冠生园去寄卖。教授夫人们给这种点心取名"定胜糕"，寓意抗战一定能胜利。

为了糊口，一直清高的梁氏夫妇也不得不加入这场兼职大潮，给有钱人设计私人住宅，可往往得不到应得的报酬。他们也曾不情愿地出席权贵们的宴会，避不开的时候，林徽因必做声明：思成不能酒我不能牌，两人都不能烟。

没有钱，但不能没有节。他们可以接受最好的朋友的救济，可以在最好的朋友面前"沦为乞丐"，但是，对于别人，他们始终保持着知识分子的尊严，不食嗟来之食。

人间四月天的刹那芳华 · 林徽因

# 竹林深处

我想象我在轻轻地独语：

十一月的小村外是怎样个去处？

是这渺茫江边淡泊的天；

是这映红了叶子疏疏隔着雾；

是乡愁，是这许多说不出的寂寞；

还是这条独自转折来去的山路？

是村子迷惘了，绕出一丝丝青烟；

是那白沙一片篁竹围着的茅屋？

是枯柴爆烈着灶火的声响，

是童子缩颈落叶林中的歌唱？

是老农随着耕牛，远远过去

还是那坡边零落在吃草的牛羊？

是什么做成这十一月的心，

十一月的灵魂又是谁的病？

写下这些诗句时，橘红色的阳光正洒在窗前。林徽因的目光循着阳光里那对靛蓝色的小鸟，它们在窗外的竹梢上唱着，跳着，享受着阳光梳理着它们轻盈的羽毛。它们有时候会跳上窗台，在这个窄窄的舞台上展示自己的身姿和舞步。

孩子们在窗外笑闹着跑动着。孩子们的快乐很简单，一朵野花、一只蝴蝶、一只田螺或是拇指大的棒棒鸟，都能让他们在甜梦中笑出声响。

林徽因多么羡慕窗外的世界，羡慕在窗台上舞蹈的小鸟，羡慕在窗外玩乐的孩子们。她也需要那么一丁点简单的微小的快乐。但现在她只能躺床上，能做的唯有看阳光在窗棂上涂抹着晨昏。

1940年底，营造学社迁往更偏僻的四川李庄。这是一次无奈的迁徙。中央研究院历史语言研究所要搬到四川，营造学社靠史语所的资料生存，不得不跟着搬迁。用梁思成的话说，这次迁徙"真是令人沮丧，它意味着我们将要和一群有着十几年交情的朋友分离，去到一个远离大城市的全然陌生的地方。"

李庄位于宜宾市城区东郊长江下游19公里的南岸，梁思成当年称之为"谁都难以到达的可诅咒的小镇"。梁思成不能和妻子同行，因为营造学社经费严重短缺，已经无法维持运转。梁思成要找在重庆的教育部要一些补贴。他从昆明出发，先到重庆，再到李庄。

林徽因带着老母亲和两个孩子，坐着四面透风的敞篷卡车，走了两个星期，才从昆明到达李庄。

在营造学社同仁的协助下，林徽因拖家带口在李庄镇外的上坎村找到一间L形平砖房安顿下来。

林徽因、梁思成在李庄的故居。

战争的阴影尚未完全笼罩李庄，但另一个可怕的敌人毫不留情地扑向了这个本已摇摇欲坠的家庭，那就是林徽因的肺病。肺病在当时是一种痨病，没有能治愈的法子，只能靠静养。但整个中国都卷入抗战，一家人居无定所，颠沛流离之中何来静养？晃县那次长达半个月的高烧，侵蚀了林徽因的病体。现在，经过两个星期的颠簸，加之已是对肺病患者极为不利的严冬，旧疾再次疯狂反扑，击倒了林徽因。

　　四十几度的高烧，好几个礼拜退不下去。林徽因每天晚上躺在床上，大汗淋漓，什么也吃不下，瘦成皮包骨。何雪媛已经是个六十多岁的老太太，孩子们又太小，谁也没法子去李庄找医生。而且，李庄穷乡僻壤，没有西医，农民生了病只吃中药，生死在天。林徽因也跟他们一样了。她强打精神安慰着被吓坏的幼子幼女："宝宝，小弟，妈妈没有事！"

　　林徽因挣扎着给丈夫写了封信，但只说她病了，盼着他早点回来，没有提到自己病成什么样子。她知道那只会给焦头烂额的梁思成徒增负担和烦恼。而全家人能做的，就只有焦急地等着一家之主的归来。

　　这边厢，梁思成在重庆心急如焚，但是筹不到款，妻子的病也没有办法。梁思成四处奔走，和教育部的官员们做着踢皮球的游戏。他已经下了决心，就是当了乞丐，也得多少筹一些款子回去。他身上担着妻儿老小和营造学社的生计。

　　直拖到 1941 年 4 月 14 日，梁思成终于赶到了李庄。一回到家，就看到病得不成人样的妻子。梁思成回来了，林徽因才能享受到一些病人的待遇，不用自己操持整个家了。但物质生活依然清苦。村子里无医无药，林徽因发了烧，梁思成请来史语所的医生为她诊治，无奈之下他也学会了打针。

川南的冬天来了，这意味日子将更加艰苦。营造学社的经费几近枯竭，中美庚款基金会已不再提供补贴，只靠着重庆教育部杯水车薪的资助。成员的薪水也失去了保障，亏得史语所、中央博物院筹备处的负责人傅斯年和李济伸出援手，把营造学社的五人划入他们的编制，每个人才能领到一些固定的薪水。

梁思成和林徽因两人的薪水大半都买了昂贵的药品，生活上的开支自然拮据起来。每月得了钱，必须马上去买药买米。通货膨胀如洪水猛兽，稍迟几日，钱就会化成一堆废纸。小弟有一回失手打碎了家里唯一一支体温计，就再也买不到，林徽因大半年都没办法量体温。

因为吃得少，林徽因身体越来越瘦，不成人形。在重庆领事馆工作的费正清夫妇托人捎来一点奶粉，吃油一样珍惜地用着，算是给林徽因补身子的"奢侈品"。为了改善伙食，梁思成学会了蒸馒头、煮饭、烧菜。他还去跟老乡学着腌菜，用橘子皮做果酱。

家里实在没钱可用的时候，梁思成就只得到宜宾委托商行去典当衣物。每当站在当铺高大的柜台下面，梁思成就觉得双腿发软，自己正一节一节地矮下去。留着山羊胡子的账房先生，总是用嘲弄的眼神注视着这个一脸焦急的斯文的男人，他只对他递过来的东西

李庄营造学社旧址。

感兴趣，可是每一次都把价钱压得极低。梁思成拙于讨价还价，换得的钱总是不多。

衣服当完了，就只好去当当作宝贝一样留下来的派克金笔和手表。账房先生对梁思成无比珍惜的宝物，却越来越表现得冷漠和不耐烦。一支陪伴了建筑学家 20 多年的金笔，一只在美国绮色佳购得的手表，当出的价钱只能到市场上买两条草鱼。

但梁思成从未在林徽因面前流露出抱怨和消极情绪。他拎着草鱼回家时，还开玩笑地跟妻子说："把这派克金笔清炖了吧，这块金表拿来红烧。"他轻快地、有条不紊地做着家务，甚至哼起了轻松的小曲。林徽因看着丈夫进进出出的忙碌背影，眼睛慢慢地湿了。一丝愧疚同时涌上心头。一年以前，梁思成在昆明病倒的时候，自己也是这样忙进忙出，却是满心牢骚，而不是这样快乐。

病情稍微有点好转的苗头，林徽因就闲不住了。白天她拖着瘦弱的病身上街打油买醋，晚上就在灯下给丈夫和孩子们缝补几乎不能再补的衣物。孩子们冬天也只有布鞋可穿，其他季节都是打赤脚，至多穿上草鞋。南瓜、茄子、豇豆成了全家人的主食。后来，同在李庄的傅斯年实在看不下去了，悄悄写信给教育部长朱家骅和国民政府委员长蒋介石，恳请对梁家给予救济。

身子不那么难受的时候，林徽因就躺在小帆布床上整理资料，做读书笔记，为梁思成写作《中国建筑史》做准备。那张小小的简易帆布床周围总是堆满了书籍和资料。

林徽因只能从窗外风景的变化感受着季节的变迁。夏天来了，小屋里的气温骤然升高，闷热难当。宝宝正在放暑假，偶尔闲下来，她就教宝宝学英语——课本是一册英文版《安徒生童话》。宝宝很聪明，等暑假结束，已经能用英文流畅地背诵里面的故事了。

小弟也上了小学。虽然生活艰辛，孩子的个头倒也长起来了。一年到头，他都是光着脚，快上学了，才穿上外婆给做的一双布鞋。

生活就这样步履蹒跚地前进着。

由于营造学社的资金严重不足，对西南地区古建筑的考察已经完全停滞了。梁思成、林徽因跟大家商量着恢复营造学社停了好几年的社刊。

但是抗战时期的四川，出版刊物是极其困难的，尤其是李庄这样的偏远乡下。没有印刷设备，他们就用原始的药水、药纸书写石印。莫宗江的绘图才能此时得到了最大的发挥，他把绘制那些平面、立体、刨面的墨线图一己承担下来，描出的建筑图式甚至可以与照片乱真。抄写、绘图、石印、折页、装订，营造学社的同仁们全都自己动手。紧张的时候，家属和孩子们也来帮忙了。一期刊物漂漂亮亮地出版的时候，大家高兴得又笑又跳。

继抗战前的六期汇刊后，第七期刊物就诞生在这两间简陋的农舍里。

病中的林徽因，李庄上坝村家中。

皇天不负有心人，在梁思成坚韧不拔的努力和朋友们的帮助下，教育部和英国庚子赔款基金给予了一些赠款，费正清夫妇也从重庆捎来了食品。梁家的生活状况稍有改善，他们有能力从当地请了一个热心的女佣人。尽管她有时会因为过于热心勤快洗坏了梁思成的衬衫，打坏了杯盘器皿。无论如何，林徽因总算能从拖累人的家务中完全解脱，接近于静养了。

窗子外面的景色变幻着，田野重新焕发出生机，几乎可以听到雨后的甘蔗林清脆的拔节声。棒棒鸟仍然是窗台上的常客，它们洞悉所有季节的秘密。

## 何处是归程

那是这一季最后的繁花盛开。

林徽因是春天枝头的那朵繁花，一开，就是许多年，迟迟不肯凋谢。

出身名门，少女时代就随父亲周游欧洲，阅尽人世繁华的是她。战争时期困顿李庄，一病不起，拖着病体上街打油买盐，灯下缝补衣裤的还是她。在太太客厅被众星捧月的是她，为了野外考察餐风饮露的是她。素衫黑裙，梳着两根辫子的小仙子是她，肺疾缠身，容颜更改的也是她。这样的女人，无论从哪个角度看过去，都是一道别致的风景。在她身上，永远有耐人寻味的故事发生。

即使离去，也要选在春风沉醉的夜晚。当清晨人们发现她，痛苦早已远离，只留平静的面容接受晨光的洗礼。这就是林徽因。

# 困顿中的一道光

困苦的生活中，最大的安慰和乐趣就是来自朋友。梁家熟悉的老朋友大多都留在昆明，林徽因的身体状况是让她没办法去看他们了。但幸好老友们没忘记身处偏远一隅的他们，只要有机会就来探望。

最先来的是老金。1941年暑假，老金从昆明来到李庄。第一眼看到林徽因，老金几乎要认不出来了，她枯瘦如骷髅，面色苍白毫无血色，完全不是当年顾盼生辉光彩照人的林徽因了。两个孩子倒是长高了不少，但又黑又瘦，一看就是营养不良的样子。

老金自己也好不到哪里去。他身材消瘦，头发脱落了大半，眼睛也不好使了，像个小老头。完全不是当年那个风流倜傥、高大挺拔的老金了。

外貌被生活改变了，那份情谊依旧。老金第二天就跑到集市上买了十几只刚孵出的小鸡回来，说是要养鸡下蛋，给大人孩子改善伙食，补充营养。

西南联合大学的教授当时享有"轮休"制度，可以带薪离校休假一年。老金在林家住下来，一边饲养着他的十几只鸡，一边写作他的《知识论》。老金和他的这一群鸡，还留下了一张合影：斑驳的日光从院子里的矮树的枝叶缝隙中洒下来，白色的竹篱笆围着已经长到半大的鸡。黑的白的都有，老金拿着玉米粒之类的食物喂它们，一只黑鸡大胆地从这个消瘦的、头发已经斑白的哲学家手中啄食。旁边站着梁思成、宝宝和小弟，一个邻居家的孩子也在那里，他们饶有兴趣地看着哲学家喂鸡。

此情此景，再要纠缠于老金和林徽因那些真真假假的八卦，那些肤浅的所谓"爱"，所谓"情"，还有什么意义呢！

梁思成、林徽因和金岳霖这么多年的交往，与其说是朋友，倒不如说是亲人来得更贴切吧。他们早已心心相印，患难与共，这份情谊，没有什么能将之阻隔。

林徽因给费慰梅写信，这样描述三个人在李庄的生活：

思成是个慢性子，愿意一次只做一件事，最不善处理杂七杂八的家务。但杂七杂八的事却像纽约中央车站任何时候都会到达的各线火车一样冲他驶来。我也许仍是站长，但他却是车站！我也许会被碾死，他却永远不会。老金（正在这里休假）是那样一种过客，他或是来送客，或是来接人，对交通略有干扰，却总是使车站显得更有趣，使站长更高兴些。

林徽因写完，就交给梁思成和老金看，问他们有没有什么补充，于是便有了老金写下的这一段：

当着站长和正在打字的车站，旅客除了眼看一列列火车通过外，竟茫然不知所云，也不知所措。我曾不知多少次经过纽约中央车站，却从未见过那站长。而在这里却实实在在地见到了车站又见到了站长。要不然我很可能把他们两个搞混。

老金写完，梁思成又接着附言道：

现在轮到车站了：其主梁因构造不佳而严重倾斜，加以协和医院设计和施工的丑陋的钢板支架经过七年服务已经严重损耗，（注：梁思成因车祸脊椎受伤，一直穿着协和医院为他特制的钢马甲）从我下方经过的繁忙的战时交通看来已经动摇了我的基础。

一张又薄又黄的"信纸"承载着这封苦中作乐的信，不分段，字非常小，没有天头地脚，连多余的半页都被截去，只为了节省纸张和邮费。这封信让远在华盛顿的费正清夫妇笑了很久，继而是更长久的心酸。

1942 年是梁家最热闹的一年，完全可以说是宾客盈门。

1942 年的深秋，李庄上空萦绕着若有似无的薄雾，野花在田野里热烈地开放着，空气里飘荡着农民焚烧稻草、玉米秸秆的味道。宝宝和小弟正在家门口的田地里玩着捉迷藏的游戏，突然，小弟兴奋地喊道："妈妈，妈妈，是林耀舅舅！林耀舅舅来了！"

林耀是澳门人，是林徽因那 9 个飞行员弟弟中最年长也最沉稳的一个。这时候，同期的飞行员和林徽因自己的亲弟弟林恒已经相继殉国，她和梁思成这对"名誉家长"只剩下这一个"孩子"了。说起来，他们都姓林，算得上同宗，徽因待这个年轻的飞行员就更如亲弟弟一般。

大多数时间里，林徽因只能用书信和林耀保持联系。她经常翻出林耀写的长信，反复仔细阅读，称赞弟弟是个"有思想的人"。

大约在 1941 年，林耀作战受了重伤，左肘被射穿，虽然骨头没有大碍，却打断了大神经。伤口愈合之后，林耀做了第二次手术，好歹把神经接上了，但从此左臂没法伸直，而且患上了严重的神经痛。医生知道他喜爱西洋古典音乐，就劝他买一部留声机（这在当时是一种昂贵的奢侈品），通过听音乐来镇静神经，同时进行各种康复训练。在疗养中，林耀用各种体育器械来"拉"自己的左臂，虽然剧痛难当，但他还是咬牙坚持了下来。最后终于恢复了手臂功能，可以出院了。

作为光荣负伤的老兵，林耀完全可以离开战斗第一线，甚至申请退役，但他却执意归队，继续作战。归队前有一个短暂的假期，他来到李庄，探望林徽因这个不是亲姐姐胜似亲姐姐的人。

在简陋的农舍中，林耀常常和林徽因、梁思成秉烛夜谈，每当谈到战争形势的严峻和胜利的渺茫，三人总是会长时间的沉默。这时候只有林耀带来的留声机还在旋转着，为他们送出不朽的《第五交响乐》《命运交响曲》，雄浑的音符一声声叩着每个人的心扉。

孩子们不懂大人的忧愁。特别是小弟，每一个飞行员"舅舅"都是他心目中的英雄，每次这些"舅舅"来家里都是两个孩子的节日。两条小尾巴跟在这些年轻的飞行员身后缠着他

金岳霖在李庄亲自买鸡喂养的情形，右立者是梁思成、梁再冰和梁从诫，背影为邻居家孩子。

们讲战斗故事，做飞机模型，听他们唱起浪漫动听的苏联歌曲。

归队后不久，林耀到乌鲁木齐去接收一批苏联援助的轰炸机。回到成都，他再次来到李庄小住了几日。他把唱机和唱片都送给了梁家，这次又带来一张新的唱盘《喀秋莎》，附上了他手抄的中文歌词。小弟得到的礼物是一把蓝色皮鞘的新疆小刀。大家还吃到了甜甜的新疆哈密瓜干。

这部留声机是他们的宝贝，即使是在最艰苦的时候也没有当掉它。在那些日子里音乐就是他们的药品和粮食。那些音符是一群精灵，因为他们的降临，这两间陋室充满了光辉。阴冷的冬日开始大面积地退却，音乐的芬芳，在所有的空间里弥漫着一个季节的活力。

林耀刚走，令孩子们兴奋的消息又传来了：二姑姑梁思庄马上要带着表妹从北平来看他们了！

1942年10月，梁思庄带着女儿从沦陷的北平燕京大学，辗转越过日军的封锁线到了李庄。梁思庄的李庄之行，是代表全家来看望梁思成的。她已经五年没有见过自己的哥哥了。乍一见，梁思庄对

梁思成、林徽因和金岳霖多年的交往，早已心心相印，患难与共，与其说是朋友，倒不如说是亲人来得更贴切。

林徽因几乎不敢相认，她已经瘦成了一把骨头，蜡黄的脸，只有那双大眼睛还能依稀看见往日的美丽的影子。

11月14日，梁家又迎来了另一个挚友费正清。费正清当时以汉学家的身份出任美国驻华大使特别助理、美国国会图书馆代表和美国学术资料服务处主任。这三个显赫的头衔能让他在重庆、四川、云南和广西自由地行动。因此，从美国抵达重庆两个月后，他便以访问中央研究院的名义来李庄看望他在中国最好的朋友梁思成夫妇。他们自1935年圣诞节分手以来，直到1942年9月26日在陪都重庆与梁思成相逢，差不多有七年时间没有见过一次面。那次相逢，他们激动地握着手足足有五分钟。

一进门，费正清就愣住了。他不敢相信自己的眼睛，这"蜗居"，简直就是原始人的穴居生活状态。这就是这两位中国第一流的学者栖身、研究的地方吗？费正清望着林徽因，心情激动难抑，几年不见，这个美丽的东方女建筑师，再也找不到当时的顾盼神飞了！

费正清终于忍不住说："我很赞赏你们的爱国热情，可在这样的地方做学问，也太难了，你们是在消耗自己的生命。要是美国人处在这样的环境下，他们要做的第一件事情，是改善自己的生活条件，而绝不是工作。西部淘金者们，面对着金子的诱惑，他们做的第一件事却是设法使自己有舞厅和咖啡馆。"

同来的陶孟和也说："还是去兰州吧，我的夫人也在那里，西北地区干爽的空气有助于治好你的病。先把病治好了，再去写你们的书。"

费正清趁热打铁劝说林徽因去美国治病，他可以提供经济上的援助。

林徽因微笑着说："你们在这儿住上几天，也许会有不同的看法。"

后来，费正清在他的《费正清对华回忆录》中，满怀深情地讲述了当年去李庄探望梁思成和林徽因时的情景：

梁家的生活仍像过去一样始终充满着错综复杂的情况，如今生活水准下降，使原来错综复杂的关系显得基本和单纯了。首先是佣人问题。由于工资太贵，大部分佣人都只得辞退，只留下一名女仆，虽然行动迟钝，但性情温和，品行端正，为不使她伤心而留了下来。这样，思成就只能在卧病于床的夫人指点下自行担当大部分煮饭烧菜的家务事。

其次是性格问题。老太太（林徽因的母亲）有她自己的生活习惯，抱怨为什么一定要离开北京；思成喜欢吃辣的，而徽因喜欢吃酸的，等等。第三是亲友问题。我刚到梁家就看到已有一位来自叙州府的空军军官，他是徽因弟弟的朋友（徽因的弟弟也是飞行员，被日军击落)。在我离开前,梁思庄(梁思成的妹妹)从北京燕京大学,经上海、汉口、湖南、桂林,中途穿越日军防线,抵达这里,她已有五年没有见到亲人了。

林徽因非常消瘦,但在我作客期间,她还是显得生气勃勃,像以前一样,凡事都由她来管,别人还没有想到的事,她都先行想到了。每次进餐,都吃得很慢;餐后我们开始聊天,趣味盎然,兴致勃勃,徽因最为健谈。傍晚五时半便点起了蜡烛,或是类似植物油灯一类的灯具,这样,八时半就上床了。没有电话,仅有一架留声机和几张贝多芬、莫扎特的音乐唱片;有热水瓶而无咖啡;有许多件毛衣但多半不合身;有床单但缺少洗涤用的肥皂;有钢笔、铅笔但没有供书写的纸张;有报纸但都是过时的。你在这里生活,其日常生活就像在墙壁上挖一个洞,拿到什么用什么,别的一无所想,结果便是过着一种听凭造化的生活。

我逗留了一个星期,其中不少时间是由于严寒而躺在床上。我为我的朋友们继续从事学术研究工作所表现出来的坚韧不拔的精神而深受感动。依我设想,如果美国人处在此种境遇,也许早就抛弃书本,另谋门道,改善生活去了。但是这个曾经接受过高度训练的中国知识界,一面接受了原始纯朴的农民生活,一面继续致力于他们的学术研究事业。学者所承担的社会职责,已根深蒂固地渗透在社会结构和对个人前途的期望中间。

如果我的朋友们打破这种观念,为了改善生活而用业余时间去做木工、泥水匠或铅管工,他们就会搞乱社会秩序,很快会丧失社会地位，即使不被人辱骂，也会成为人们非议的对象。

费正清卧床休息的时候，林徽因便拿了她在李庄写的诗给他和陶孟和来念。他们没想到，在这样恶劣的生存条件下，林徽因的诗情仍然在燃烧着。

等感冒痊愈后，梁思成和林徽因就陪着他们去散步。费正清对这个川南小村庄产生了浓厚的兴趣。林徽因对他说："中国南方的民居，最充分地体现了中国人的人文精神，我有个设想，等身体好了，要对江南民居做一番详细的考察。"

费正清感慨地说："林，我已经明白了，你的事业在中国，你的根也在中国。你们这一代的知识分子，是一种不能移栽的植物。"

梁家的"宾客潮"从 1942 年延续到次年。1943 年 6 月，英国驻重庆大使馆战时科学参赞李约瑟来李庄访问。这位生物化学家个性严肃，不苟言笑。到了李庄之后，招待他的知识分子相互打赌，看李约瑟能不能在李庄笑一笑。这个"不可能的任务"被梁思成林徽因夫妇给"征服"了。

这件事是在林徽因写给费正清夫妇的信中透露的：

李约瑟教授来过这里，受过煎鸭子的款待，已经离开……这位著名的教授在梁先生和梁夫人（她在床上坐起来）的陪同下谈话时终于笑出了声。他说他很高兴，梁夫人说英语还带有爱尔兰口音。我以前真不知道英国人这么喜欢爱尔兰人。后来他在访问的最后一天下午，在国立博物馆的院子里，当茶和小饼干端上来的时候，据说李教授甚至显得很活泼。

## 悲喜交加

抗日战争已经打了八年了，多灾多难的中国人，被无处不在的战火拖得奄奄一息。林徽因的病情在一天天恶化。膀胱部位时不时传来一阵阵剧痛。林徽因感到从未有过的恐慌，或者说绝望。

太久了，以至于胜利的消息传来时，大家一瞬间还反应不过来。也是，这消息确实来得颇为突然。

20 世纪 40 年代的林徽因。

1945 年 8 月 14 号晚上大约 8 点钟，重庆正显示着它火炉的威名，连晚风吹来的都是热气。梁思成、费慰梅还有两个年轻的中国作家，一起吃了晚饭，就在美国大使馆门前乘凉。

梁思成现在的头衔是中国战地文物保护委员会的副主席。他需要负责编制一套沦陷区重要的文物建筑目录，并在军用地图上标注出他们的具体位置，以防止这些建筑在战略反攻中被毁坏。

费慰梅则是作为美国大使馆的文化专员在这年夏季来到中国的。老朋友相见，分外激动。他们怎么也想不到，会一起见证这个历史性的时刻。

梁思成正在跟费慰梅讲着多年前泰戈尔访问北京的事，忽然间，四周骤然安静下来。这不寻常的寂静让人摸不着头脑，大家面面相觑，仔细地听着动静。警报声从远处传来，经久不息，江上的汽笛也跟着长鸣。人们一开始是压抑地喊喊喳喳，接着有人在大街上飞跑，再接着就是"胜利了！胜利了！"的欣喜若狂的欢呼。轰然炸响的鞭炮声中，全城的人都跑到了大街上。

梁思成和费慰梅也来到大街上，到处是欢笑的市民，到处是挥舞的旗帜和 V 型手势。吉普车、大卡车和客车满载着欢庆的人群自发组成车队，陌生的人们在车上彼此握手拥抱庆祝这来之不易的胜利。

夜已经深了，中央研究院招待所却灯火通明。梁思成和学者们聚在一起高兴地笑啊说啊，还开了一瓶存了许久的白酒。梁思成在这非凡的热闹中忽然感到怅然若失。苦苦盼了 8 年，熬了 8 年，等了 8 年，可是当胜利的时刻到来，自己却没有陪在妻儿身边。

费慰梅看穿了梁思成的心思。在她的努力下，梁思成和她坐上了一架由美国飞行员驾驶的 C—47 运输机飞到宜宾，从那里去李庄就近多了。

在李庄的陋室，费慰梅和病床上的林徽因相拥而泣。她们分别已经有十个年头了。

第二天，林徽因下了床。尽管病得厉害，但她还是想用自己的方式庆祝。她和费慰梅坐着轿子到茶馆去，以茶代酒庆祝中国的胜

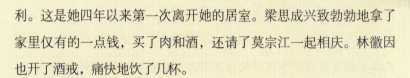

利。这是她四年以来第一次离开她的居室。梁思成兴致勃勃地拿了家里仅有的一点钱，买了肉和酒，还请了莫宗江一起相庆。林徽因也开了酒戒，痛快地饮了几杯。

费慰梅给林徽因留下了治疗肺病的药品，然后离开了李庄，与林徽因相约在重庆再见面。

随着抗战的胜利，林徽因心头的阴霾也一扫而空。在李庄晴天是稀罕物，赶上的话，林徽因一定不会放过。这年宝宝梁再冰已经是个 16 岁的花季少女，她陪伴着体弱的妈妈，一起到李庄镇上，在小面馆吃面，去茶铺喝茶，还去看了梁再冰的同学的排球赛。有一天阳光特别好，林徽因兴致来了，穿上以前在北平穿的漂亮衣服，到女儿的校园里散步，竟引起一阵小小的轰动。

孩子们看到将要随父母回到阔别多年的北平了，也雀跃无比。

然而，林徽因看到和听到的消息，让不安在她的心中一点点扩散开来。虽然日本已经宣布投降，可是歌乐山上空仍然战云密布。

蒋介石调兵遣将，准备打仗了。

1946 年 1 月，她从重庆写信给费慰梅说：

正因为中国是我的祖国，长期以来我看到它遭受这样那样的罹难，心如刀割。我也在同它一道受难。这些年来，我忍受了深重苦难。一个人毕生经历了一场接一场的革命，一点也不轻松。正因为如此，每当我察觉有人把涉及千百万人生死存亡的事等闲视之时，就无论如何也不能饶恕他……我作为一个"战争中受伤的人"，行动不能自如，心情有时很躁。我卧床等了四年，一心盼着这个"胜利日"。接下去是什么样，我可没去想。

我不敢多想。如今，胜利果然到来了，却又要打内战，一场旷日持久的消耗战。我很可能活不到和平的那一天了（也可以说，我依稀间一直在盼着它的到来）。我在疾病的折磨中，就这么焦灼烦躁地死去，真是太惨了。

在这同时，还有另一桩心事困扰着林徽因。营造学社经费来源完全中断，已经无法继续维持，刘敦桢和陈明达先后离去，留下的也是人心涣散。

梁思成觉得，中国古建筑的研究，经过营造学社数年的努力，已经基本理清了各个历史时期的体系沿革，战后最需要的是培养建设人才。

一家人准备先到重庆去。虽然早早收拾好了行李，但雨一直不停，没有船。

林徽因写信给费慰梅抱怨"显然你从美国来到中国要比我们从

这里去到重庆容易得多"。

终于等到船了，梁思成带着衰弱的妻子踏上了重庆的土地。

林徽因五年来头一次离开李庄。她身体不行，在重庆的大部分时间都待在中研院招待所里。费慰梅一有时间就开着吉普车带林徽因去城里玩，有时去郊外接在南开中学读书的小弟，有时到美国大使馆的餐厅一起进餐，有时到费氏夫妇刚刚安顿下来的家里小聚。在重庆，费慰梅请了美国著名的胸外科专家里奥埃罗塞尔博士为林徽因检查病情。当她身体略好的时候，费慰梅还带他们全家去看戏看电影。林徽因和小弟还参加了马歇尔将军在重庆美新处总部举行的一次招待会，在那里见到了周恩来和冯玉祥等名人。

后来，他们又找了一家医疗条件较好的教会医院检查。梁思成说："咱们一定得把身体全面检查一下，回去路上心里也踏实。"

X光透视之后，医生把梁思成叫到治疗室，告诉他："现在来太晚了，林女士肺部都已空洞，一个肾也已感染。这里已经没有办法了。她最多还能活五年。"

梁思成顿时如五雷轰顶，一下子瘫倒在椅子上。他不能接受这个宣判。最艰难的日子已经过去了，至爱之人难道只能与自己共苦，却不能与自己同甘？

林徽因却很坦然，她对丈夫说："我现在已经感觉好多了。等回了北平，很快就能恢复过来的。"她拉起还在呆呆地望着自己的梁思成的手，轻声说："思成，咱们回家吧。"

## 重返春城

人在病中，就格外容易想家。可是家在哪里呢？北平，是林徽因魂牵梦绕的故都。奈何山河破碎今何在，她现在还不能回去。就是李庄，那个偏僻的小山村，竟也回不去了。因为长江航运局正在清理河道，重庆到李庄的船全都停运了。

梁家在昆明的老朋友知道了情况，邀请他们去昆明住一段时间。老金在张奚若家附近找了一处房子，

林徽因在昆明，拍于 1946 年春。

是军阀唐继尧后山上的祖居。那祖居的窗户很大，有一个豪华的大花园，几棵参天的桉树，婆娑的枝条随风摇曳，散发着阵阵芳香。

林徽因一到昆明就病倒了，但是与朋友相聚的喜悦压倒了一切。长期的分离之后，张奚若、老金和钱端升夫妇这一群老友又围绕在她身边，床边总是缭绕着没完没了的话题。他们用了十多天，才把各自在昆明和李庄的点点滴滴，包括所有琐事弄清楚。他们谈着每个人的情感状况、学术近况，也谈论国家情势、家庭经济，还有战争中沉浮的人物和团体，彼此都有劫后余生之感。林徽因体验到了

人间四月天的刹那芳华 林徽因 传

缺少旅行工具的唐宋诗人们在遭贬谪的路上，突然和朋友不期而遇的那种极致的喜悦。

春城气候宜人，但海拔高度对林徽因的呼吸和脉搏有不良影响。不过她周围总是有老朋友陪伴，有聊不完的话题，看不完的书，还有女仆和老金热心周到的照料，令她心中感到十分惬意。

昆明的雨也像林徽因的脾气，来得快去得也快，不像李庄那样慢吞吞地拖啊拖啊烦死人。林徽因给费慰梅讲述了住在唐继尧"梦幻别墅"的感受：

一切最美好的东西都到花园周围来值班，那明亮的蓝天，峭壁下和小山外的一切……

房间这么宽敞，窗户这么大，它具有戈登克莱格早期舞会设计的效果。就是下午的阳光也好像按照他的指令以一种梦幻般的方式射进窗户里来，由外面摇曳的桉树枝条把缓缓移动的影子泼到天花板上来。

不管是晴天或者下雨，昆明永远是那样的美丽，天黑下来时我房间里的气氛之浪漫简直无法形容——当一个人独处在静静的大花园中的寂寞房子里时，忽然天空和大地一齐都黑了下来。这是一个人一辈子都忘不了的。

这时候西南联大已经北返，老朋友们都归心似箭，中国营造学社的历史使命也已完成。再加上梁思成受聘清华大学建筑系主任等缘故，1946 年夏，梁家和西南联大的教授们一起，乘包机顺利从重庆返回北平。

## 故都惊梦

九年了，日日夜夜走进梦中的北平，会用什么样的姿势拥抱病弱的林徽因？

她在心中无数次勾勒过的北平的形象，却变得扑朔迷离。铺天盖地的太阳旗已经不复踪影，取而代之的是酒幌似的青天白日旗，如经幡一般在每家每户的门上招摇着。林徽因茫然不知所措，拽住路过的行人一打听，原来今天是教师节。北平政府正准备举行八年来的祭孔大典。

前三门大街上，一辆辆十轮卡车吼叫着驶过。炮衣下裸露出的粗大的炮管泛着金属特有的冷冷的光，看得人本能地畏惧。士兵们坐在炮车上，趾高气扬地向街上的人们打着口哨。

林徽因领着孩子站在"信增斋修表店"的屋檐下，这纷乱的街景让她迷惑了。大成至圣先师重新被邀请到这座故都，虽然没有异族的刺刀对准他的胸膛，但这满街的炮车，不知该让他怎样"发乎情，止乎礼"。她有预感，这暗涌马上就要演变成一场海啸。

北返后的清华大学有了自己的建筑系，梁思成是第一任系主任。1946 年夏季，林徽因一家搬进了清华园新林院 8 号，这是清华的教授楼，环境优雅，住宅也十分宽敞。

匆匆组建的建筑系刚刚安顿下来，梁思成很快又要赴美考察战后的美国建筑教育。同时应耶鲁大学的聘请讲学一年，教授《中国艺术史》。

战后的北平经济萧条，物价飞涨，工商业纷纷倒闭，国统区的钞票像长了翅膀似的。

梁家的日子越来越不好过了。

一家人颠沛流离，9年之后回到故土，已是两手空空。贫困和饥饿仿佛认准了他们，跟着回来了。林徽因的病也愈来愈厉害。

好日子真的是遥遥无期。

梁思成临出发去美国前，交代系里的年轻教师，有事情可以找林徽因商量。于是，开办新系的许多工作暂时就落在了她这个没有任何名分的病人身上。

建筑系刚成立，图书馆的资料不多，林徽因就把家中藏书推荐给年轻教师，任他们挑选借阅。除此之外，林徽因也同青年教师们建立了亲密的同事情谊，热心地毫无保留地与他们交流和探讨学术思想。她还结交了复员后清华、北大的文学和外语专业的教师，大家畅谈文学和艺术，各抒己见，好不热闹。

当时更有一些年轻学子慕名而来求教于林徽因，其中就包括后来成为梁思成第二任夫人的林洙。当时校方

1947年，林徽因与女儿梁再冰在颐和园留影。

为了让林徽因能清静地养病，在她的住宅外面竖了一块一人高的木牌，上面写着：这里有位病人，遵医嘱需要静养，过往行人请勿喧哗。来访的学生们，都以为自己将看到一个精神萎靡的中年女子恹恹地靠在床上待客，没想到这位林先生虽然身体瘦弱，却神采飞扬。她滔滔不绝地谈论着文学、艺术、建筑，融会贯通，妙语连珠。谈到兴奋处，林徽因自己都忘了，她是个被医生判了死刑的重病人。

只是当难熬的夜晚来临，林徽因在床上辗转反侧，整夜咳嗽着不得安宁，半夜里一次次吃药、喝水、咳痰……这一切都只能孤身承受，没有人能帮上她一点忙。她在孤单和绝望中凝视着窗外的黑夜，那么深那么长的夜，不知道何时才是个头？！

这年夏天，梁思成回到北平。一年来，他在耶鲁大学讲学，同时作为中国建筑师代表，参加了设计联合国大厦建筑师顾问团的工作。在那里，他结识了许多现代建筑权威人物，如勒柯布西埃、尼迈亚等。他还考察了近二十年的新建筑，同时访问了国际闻名的建筑大师莱特格罗皮乌斯、沙理能等。

他在美国与老朋友费正清、费慰梅夫妇见了面，并将在李庄时用英文写成的《中国建筑史图录》，委托费慰梅代理出版，后因印刷成本高，而没有找到出版人。1948 年，一位英国留学生为写毕业论文，将书稿带到马来西亚。直到 1979 年，这份稿子才辗转找回，并经费慰梅奔波，1984 年在美国出版，获得极高的评价。

梁思成是接到林徽因重病的消息提前回国的。林徽因的肺病已到晚期，结核转移到肾脏，需要做一次手术，由于天气和低烧，也需要静养，做好手术前的准备。

梁思成又恢复了他"护士"的角色。尽管回国后工作很忙，但他还是抽出尽可能多的时间照料妻子。住宅里没有暖气，室内温度高低关系到林徽因的健康和术后恢复。梁思成就在家里生了三个半人高的大炉子，这些炉子不好伺候，收拾不好就"罢工"。添煤、清除煤渣，这些烦琐细致的活儿，梁思成全都亲力亲为，怕佣人做不好误了事。他遵医嘱每天给林徽因搭配营养餐，为她肌肉注射和静脉注射，为她读英文报刊。每次去学校上班前，他总是在林徽因身边和背后放上大大小小各种靠垫，让她在床上躺得舒服一点。

秋凉以后，林徽因身体状况略有改善，她被安排在西四牌楼的中央医院住院。这个白色世界好像有禁锢生命能量的威力似的，没有流动，没有亢奋，只有白得刺目的安静煎熬着灵魂。

《恶劣的心绪》就是她在这个时期写下的：

我病中，这样缠住忧虑和烦忧，

好像西北冷风，从沙漠荒原吹起，

逐步吹入黄昏街头巷尾的垃圾堆；

在霉腐的琐屑里寻讨安慰，

自己在万物消耗以后的残骸中惊骇，

又一点一点给别人扬起可怕的尘埃！

吹散记忆正如陈旧的报纸飘在各处彷徨，

破碎支离的记录只颠倒提示过去的骚乱。

多余的理性还像一只饥饿的野狗

那样追着空罐同肉骨，自己寂寞地追着

咬嚼人类的感伤；生活是什么都还说不上来，

摆在眼前的已是这许多渣滓！

我希望：风停了；今晚情绪能像一场小雪，

沉默的白色轻轻降落地上；

雪花每片对自己和他人都带一星耐性的仁慈，

一层一层把恶劣残破和痛苦的一起掩藏；

在美丽明早的晨光下，焦心暂不必再有，——

绝望要来时，索性是雪后残酷的寒流！

这种恶劣的心绪时时刻刻缠绕着她。她隐隐觉得，生命就要走到尽头了。这时她才感到了命运的强悍，似乎是她早已期待过这样的结局了。

通货膨胀还在持续着，市场上蔬菜几近绝迹，偶尔有几个土豆，立刻就被抢购一空。梁思成开着车跑到百里外的郊县，转了半天，

林徽因与清华大学
建筑系师生合影。

　人间四月天的刹那芳华　林徽因

才能买回一只鸡。林徽因给在美国的费慰梅写信说：

我还是告诉你们我为什么来住院吧。别紧张，我是来这里做一次大修。只是把各处零件补一补，用我们建筑业的行话来说，就是堵住几处屋漏或者安上几扇纱窗。昨天傍晚，一大队实习医生、年轻的住在院里，过来和我一起检查了我的病历，就像检阅两次大战的历史似的。我们起草了各种计划（就像费正清时常做的那样），并就我的眼睛、牙齿、双肺、双肾、食谱、娱乐或哲学，建立了各种小组。事无巨细，包罗无遗，所以就得出了和所有关于当今世界形势的重大会议一样多的结论。同时，检查哪些部位以及什么部位有问题的大量工作已经开始，一切现代技术手段都要用上。如果结核现在还不合作，它早晚是应该合作的。这就是事物的本来逻辑。

12月手术前的一天，胡适之、张奚若、刘敦桢、杨振声、沈从文、陈梦家、莫宗江、陈明达等许多朋友来医院看她，说了些鼓励和宽慰的话。

为了以防万一，林徽因给费慰梅写了诀别信：再见，我最亲爱的慰梅。要是你忽然间降临，送给我一束鲜花，还带来一大套废话和欢笑该有多好。

她对梁思成绽出一个安静的笑颜，然后被推进了手术室。

她躺在无影灯下，却看到命运被拖长的影子。她渐渐感觉到，自己在向一个遥远的、陌生的地方走去，沿着一条隧道进入洞穴，四周是盘古初开一样的混沌。

不知过了多久，她隐隐听到了金属器皿的碰撞声。

# 新生与弥留

　　1948 年，反饥饿、反内战的浪潮方兴未艾。11 月 6 日，清华开始总罢课，全校师生频频举行演讲会，第一次喊出"只有反抗，才能生存"的口号。与此同时，北平政府对学生的镇压也随之开始了。北平政府发出逮捕进步学生的通令之后，清华园被反动军警和"棍儿兵"包围了数日，特务们还在西校门外的围墙上写上"消灭知识潜匪"的反动标语。校园被围之日，清华园内菜粮来源断绝，学生和住在园内的教授们只能靠一点咸菜和辣椒度日。

　　生命的奇迹又一次回到林徽因身上。肾脏切除手术很顺利，虽然由于体弱，刀口愈合很慢，但在梁思成的精心照料下也慢慢复原了。有一天半夜，几个脸上涂着油彩，身穿黑衣的人带着几个"棍儿兵"闯进梁家，怦怦地砸着门，嚷着"抓学匪！抓共产党！"林徽因气愤难当，从床上跳下来，大声斥骂着，把他们赶了出去。

　　梁思成和林徽因都感到蒋家王朝气数已尽，中国就快要有一场翻天覆地的变革了。

　　远处不时有炮声传来，人民解放军兵临城下。北平外围的国民党飞机经常来清华园骚扰。梁思成为北平的古建筑担忧着。他想起"历代宫室五百年一变"的说法，看样子北平在劫难逃。有一天梁思成开会回来，在路上就遇到了飞机轰炸，炸弹落在梁思成身前不远

人间四月天的刹那芳华 林徽因传

的小桥边，一声巨响，弹片从耳边呼啸而过，竟毫发未伤。回家后梁思成讲及这番历险，一家人都吓出一身冷汗。宝宝却说："还是爹爹命大，全国那么多寺庙，成千上万的菩萨保佑着你呢！"

有天晚上，张奚若领着两位身穿灰色军装，头戴皮帽子的军人来到梁家。张奚若介绍说："这二位是解放军十三兵团政治部联络处负责人，他们有件事情想请你帮忙。"

两位军人给梁思成和林徽因敬了军礼说："梁先生、林先生，我们早闻二位先生是国内著名的古建筑学家，现在我们部队正为攻占北平做准备，万一与傅作义将军和平谈判不成，只好被迫攻城，兵团首长说要尽可能保护古建筑，请二位先在这张地图上给我们标出重要古建筑，划出禁止炮击的地区，以便攻城时炮火避开。"

两人愕然片刻，随即紧紧握住军人的手，一个劲地说："谢谢你们！谢谢你们！"

当晚，梁思成和林徽因悬着的心终于放下了，在炮火声中睡得特别踏实。

1949 年 1 月 22 日，傅作义宣布投降，北平和平解放。4 月 21 日，全国解放的命令下达，中国大地上摆开了人类战争史上最大的战场。解放军的代表再次来到清华园，听取梁思成和林徽因的建议。梁思成立即召集建筑系部分教师和学生，夜以继日地赶工，在一个月的时间手工完成了厚厚一本《全国重要文物建筑简目》，供人民解放军作战及接管保护文物之用。

光的道路，从历史的一端铺展过来。

林徽因的生命也出现了前所未有的奇迹，在同死神的角力中，她又一次成了胜者。1949 年，她在新政权接管的清华大学被聘为一级教授，主讲《中国建筑史》课程，并为研究生开设《住宅概论》的专业课。林徽因再次沉浸在工作中，像以前那样，拖着病体陀螺一样忙碌着。值得庆幸的是，困扰她多年的家务事像秋后蚂蚱一样越来越少了。再冰参加了解放军南下工作团，从诚考上了北京大学历史系。买菜、烧饭、洗洗涮涮这些烦琐的家务事终于不再困扰她了。

1949 年 7 月 10 日，中华人民共和国成立前夕，《人民日报》等各大报刊刊登了公开征求国旗、国徽图案和国歌词谱的启示，征稿截止日期为 8 月 15 日。梁思成和林徽因领导了清华大学国徽设计组的工作，同时，梁思成还担任了国旗、国徽评选委员会顾问。

自从接受了国徽设计的任务，林徽因的生活就像拧满了发条的钟，每一天都以分钟计。忙碌了两个多月，清华送审的第一稿却没有通过，原因是这个方案体现"政权特征"不足。

林徽因与病中的梁思成讨论国徽的设计方案。

梁思成回来，传达了国徽审查小组要求在国徽图案中有天安门图像的意见。林徽因认为这是一个很好的构想，立刻派朱畅中去画天安门的透视图。营造学社藏有测绘天安门建筑的图纸，有百分之一比例和二百分之一比例的天安门立面、平面、剖面图。当时在北京，其他单位要找这样的图纸是不可能的，幸亏营造学社保留了这么完整的资料。

一张又一张图纸，一场又一场讨论，一次又一次修改，大家的设计思想越来越明确了。林徽因始终主张，国徽应该放弃多色彩的图案结构，采用中国人民千百年来传统喜爱的金红两色，这是中国自古以来象征吉庆的颜色，用之于国徽的基本色，不仅富丽堂皇，而且醒目大方，具有鲜明的民族特色。

林徽因和梁思成一连数日通宵达旦地工作着。再冰从南方回来探家，一进门大吃一惊，家里成了一个国徽的作坊，满地堆的都是资料和图纸，还有各个国家的国徽，小组每一次讨论的草图，几乎没有下脚的地方。

平日病得爬不起来的林徽因，完全顾不得自己的身体了。她靠在枕头上，在床上的小几上画图。累得实在支持不住了，就躺下去喘口气，起来再接着画。

三个多月的日夜奋战，最后的图案终于出来了：图案外圈环以稻麦穗，下端用红绶带绾接在齿轮上，国徽中央部分和下方是金色浮雕的天安门立面图，上方绘有金色浮雕的五星，衬在红色的底子上，如同天空中飘展的五星红旗。整个图案左右对称，庄严肃穆。

迎接最终评选的那天，大家兴奋中带着不安。梁思成和林徽因都病倒了，于是便让兼任秘书工作的朱畅中去参加评选会议。林徽因一遍遍叮嘱着："畅中，我等候你的消息，评选结束了，多晚也要赶回来。"

评选会议在中南海怀仁堂举行。会议厅的中间墙上，左边挂着清华的设计方案，右边是中央美院的设计方案。美院设计的天安门的图像是一幅彩色的风景画，天安门形象一头大、一头小、一头高、一头低，有强烈的透视感，华表只画一个，立在一侧，碧蓝的天空，金色的琉璃瓦，红柱红墙，加上金桥的白石栏杆和白石华表，铺地的大石块依稀可见，石缝里还画着青草。

参加评审的委员们，在两个国徽之间穿梭着，热烈地争论着。朱畅中心里没底了，脸上浸出了热汗。

正在这时，周恩来总理来了。

周总理跟大家打了招呼，就站到两个图案前仔细审视着。过了一会儿，他让大家发表意见。田汉说："我认为中央美院的方案好，透视感强，色彩比较明朗。"

他的看法得到了许多评委的赞同。

坐在后排的朱畅中心脏都不会跳了。

张奚若站起来说："我认为清华的方案好，有民族特色，既富丽，又大方，布局严谨，构图庄重，完全符合政协征求图案的三条要求。"

周总理注意到坐在右边沙发上的李四光，就问："李先生，你看怎样？"

李四光沉吟片刻，指了指清华的设计方案说："我看这个有气魄，有中国特色。"

　　周总理再次仔细端详了两个图案，然后再次让大家发表意见，多数委员赞成清华的方案。

　　周总理说："那么好吧，我也投清华一票。"

　　朱畅中又听到胸腔里传来咚咚咚的心跳声。他真想飞跑出去，给林徽因打电话。

　　周总理问："清华的梁先生来了没有？"

　　张奚若说："梁先生和林夫人都病倒了，清华小组的秘书来了。"又叫朱畅中，"小朱到前头来。"

　　周总理把朱畅中叫到清华的图案前指点着问："这是什么？"

　　朱畅中回答："这是稻穗。"

　　"能不能向上挺拔一些？"周总理比画着。朱畅中回答："稻穗下垂是表示丰收，向上挺拔，可以改进。"

　　周总理说："稻穗向上挺拔，可以表现时代的精神风貌嘛，从造型上也更为美观。1942年冬天，宋庆龄同志在她的寓所，为欢送董必武同志返回延安举行的茶话会上，桌上就摆着重庆近郊农民送来的两串稻穗，被炉火映得金光灿灿，当时有人赞美这稻穗像金子一样。宋庆龄说：'它比金子还宝贵，中国人口百分之八十都是农民，如果年年五谷丰登，人民便可以丰衣足食了。'当时我就说，等到全国解放，我们要把稻穗画到国徽上去。"

评选结束已是深夜，朱畅中没吃夜宵就急着赶回了清华。

清华国徽设计组用了两三天就完成了修改任务，重新画了大幅国徽图案，在图纸上首，林徽因用红纸剪了"国徽"两个字，图的下方写了"国徽图案说明"：国徽的内容为国旗、天安门、齿轮和麦稻穗，象征中国人民自"五四"运动以来的新民主主义革命斗争和工人阶级领导的以工农联盟为基础的人民民主专政的新中国的诞生。

1950年6月23日，仍然是中南海怀仁堂。全国政协第一届第二次会议在这里召开。林徽因被特邀出席会议。在今天这个会议上，新政权要正式确定中华人民共和国国徽。在毛泽东的提议下，全体代表起立，以鼓掌的方式通过了由梁思成、林徽因主持设计的国徽图案。

当掌声在大厅里潮水般回荡的时候，林徽因已经是热泪盈眶。一个视艺术为生命的人，还有什么比凝聚着自己心血的作品成为国家形象的代表更令人激动呢？幸福的眩晕感淹没了林徽因。

她病弱的身体，甚至无法从座位上站立起来答谢了。

这一年，林徽因被任命为北京市都市计划委员会委员兼工程师。

中华人民共和国成立后的第二个国庆日，梁思成、莫宗江搀着林徽因来到天安门金水桥头。仰望着天安门城楼上悬挂的国徽，林徽因的泪水模糊了双眼。

人民英雄纪念碑1949年9月30日破土奠基，林徽因生前没能看到纪念碑落成，但她生命的最后几年一直与这项工作紧密相连。

1952年，梁思成和雕塑家刘开渠主持纪念碑设计；参加设计工作的林徽因，被任命为人民英雄纪念碑建筑委员会委员。此时她已经病得不能下床了，在起居室兼书房里，她安放了两张绘图桌，与她的病室只有一门之隔。

当年夏天，郑振铎主持召开会议，决定碑身采用梁思成的设计方案，对碑顶暂作保留；因为有人坚持要在碑顶上放置英雄群像雕塑，梁思成坚决不同意。11月，北京市人民政府开会，市长彭真最后决定，碑顶采用梁思成的构想，建成我们现在看到的"建筑顶"。同时放弃碑顶雕塑，因为在高达40米的碑上放置群塑，无论远近都看不清，而且主题混淆，相互冲突。

林徽因主要承担的则是纪念碑须弥座装饰浮雕的设计，从总平面规划到装饰图案纹样，她一张一张认真推敲，反复研究。每绘一个图样，都要逐级放大，从小比例尺全图直到大样，并在每个图上绘出人形，保证正确的尺度。在风格上，则主张以唐代风格为蓝本进行设计。

林徽因对世界各地的花草图案进行反复对照研究，描绘出成百上千种花卉图案。枕头边上，床头桌上，书桌前，沙发上到处都是一沓沓图纸。梁思成把林徽因废弃在一边的大堆图纸收集起来。他知道林徽因性子急，哪天嫌这些图稿碍事，就会让女佣给烧了。梁思成认定这些画稿是有价值的，他找来一个纸箱，在林徽因废弃的画稿中挑了一些装进箱子保存起来。

在成百上千种图案中，林徽因和梁思成最终选定了以橄榄枝为主题的花环图案。

在选用装饰花环的花卉品种上，他们很伤了一段时间脑筋。最初选用了英雄花，经咨询花卉专家，得知木棉并非中国原产，随后放弃这一构想。最后，他们选定了牡丹、荷花和菊花三种，象征高贵、纯洁和坚韧的品格精神。

须弥座正面设计为一主两从三个花环，侧面为一只花环。同基座的浮雕相互照应，运用中国传统的纪念性符号，如同一组上行的音阶，把英雄的乐章推向高潮。

林徽因和梁思成是海王村古文化市场的常客。早在二三十年代就经常同张奚若、徐志摩、沈从文等一班朋友到这里光顾。这一天，她又由梁思成陪着来到了海王村。她被一个小小的古玩摊上一只景泰蓝花瓶吸引了。这只花瓶几乎同她小时候在上海爷爷家看到的那只一模一样，她拿在手里仔细观赏着。

摊主见林徽因很喜欢这只花瓶，便说："二位先生还是有眼力的，这是正宗老天利的景泰蓝，别处你见不到了。就是老天利这家大字号，也撑不住，快关张了，北京的景泰蓝热闹了几百年，到这会儿算绝根儿了。"

林徽因买下花瓶后，摊主还跟他们说，北京景泰蓝以老天利和中兴二厂为最大，都是清康熙的老厂，现在已经办不下去了。至于德兴成、天瑞

林徽因（右二）与建筑系教师李宗津（左一）、周卜颐（左二）、王君莲（左三）、郭孝燮（右一）在清华园工字厅合影。

堂、全兴城那几家小厂，就更加难以为继。

林徽因为景泰蓝的命运担忧起来。

1952 年，北京将召开亚太地区和平会议，筹备组决定要给每位代表送上一份既有鲜明的中国特色，又精致典雅的礼物。礼品分成四类，第一类是丝织品，第二类是手工艺品，第三类是精印的画册，第四类是文学名著。筹备组将第一和第二类礼物交给林徽因负责。

林徽因和梁思成商议，在清华建筑系成立一个美术组，她想借这次制作和平礼物的机会，抢救景泰蓝这一濒临灭绝的中国独有的手工艺品。景泰蓝是国宝，决不能让它在中国失传。

美术小组除了营造学社多年的伙伴莫宗江，还有两个年轻的女学生常莎娜和钱美华。林徽因和他们跑了一整天，才找到几间不起眼的小作坊，都是一副凄凉破败的惨象，三五个老师傅，几副小炉灶，产量很低，产品也销不出去。他们为了搞清景泰蓝的生产工艺，整天泡在作坊里看工人们的操作过程。林徽因看着那些灰不溜秋的

坯胎变成炫丽的艺术品，感到又神奇又惊讶。

但很快林徽因就感到不满足了。北京的几家景泰蓝厂早就处在倒闭边缘，新老艺人青黄不接，几百年来一直是作坊式的操作，图案单调，尽是些牡丹、荷花、如意之类。林徽因认为想要让景泰蓝起死回生，必须要全面更新设计。她发动大家为景泰蓝设计新的图案，每人画若干幅。林徽因已经不能自己动笔，她的创作构想就由莫宗江完成。

景泰蓝厂的老师傅看林徽因病成这样子，不忍心让她一趟趟往厂里跑，他们就主动到梁家切磋。这样，一批又一批新品试制出来了。美术小组设计的祥云火珠简洁明快，敦煌飞天的形象浪漫动人。

和平礼物被送到了亚太各国代表的手中。这些富有民族特色的礼物令他们赞不绝口。苏联著名芭蕾舞蹈家乌兰诺娃得到了飞天图案的景泰蓝，这位"天鹅公主"欣喜不已："这是代表新中国的新礼物，太美了！"

1953年第二届文代会召开，林徽因由于拯救景泰蓝艺术的成果被邀请参加。开会那天，萧乾坐在会场后面的位子，林徽因远远地冲他招手，萧乾走过去坐在她旁边，还像以前一样轻声说："林小姐，您也来了！"

林徽因笑道："还小姐哪，都成老太婆了！"

林徽因已经49岁了。最好的年华，就在与肺病的拉锯中被一点点消磨光了。

## 山雨欲来

　　1953 年完成景泰蓝抢救工作之后，林徽因的身子彻底垮了下来。她生命的热能仿佛彻底耗尽了。每到寒冬，她的病情就愈加严重，药物已不能奏效，只能保持居室的温度。即使是一场感冒，对林徽因也是致命的。每到秋天，梁思成就要用牛皮纸把林徽因居室的墙壁和天花板全都糊起来，几个火炉也早早地点上。

　　10 月，中国建筑学会成立，梁思成被推举为副理事长，林徽因被选为理事。他们二人还兼任了建筑研究委员会委员。

　　北京城兴起了"拆城墙"的运动。这是梁思成和林徽因做梦也没想到的。

　　他们深深爱着这座高贵沧桑的城市，从金碧辉煌的宫殿到气势巍峨的城墙城门，从和平宁静的四合院到建筑群落上开阔醇和的天际线。这些固有的风貌，怎能如此轻易地就损失掉呢？他们为此殚

精竭虑。

梁思成和南京的建筑学家陈占祥一起拟定了《关于中央人民政府行政中心区未知的建议》（后被称作"梁陈方案"），建议在月坛以西、公主坟以东的位置另设中央行政厅，这样就能把北京旧城的古建筑完整地保留下来。

但是"梁陈方案"被否定了。因为中华人民共和国刚刚成立，中央政府没有资金来建一个新区；更重要的是，决策者们认为以天安门作为北京的中心有重大的政治意义，它从来就有强烈的政治色彩，理应成为中华人民共和国的行政中心。

在一次大型庆典活动上，北京市的一位市领导告诉梁思成，中央的一位负责人说过，将来从天安门城楼望出去，看到的处处都是烟囱。

梁思成吃惊得说不出话来。他无法理解为什么要把北京变成这个样子，也无法想象一座有这么悠久的历史的古都会变成烟囱的丛林。在他的构想中，北京应该像罗马、巴黎和雅典那样，成为全世界仰慕的文化名城。

20世纪50年代的梁思成、林徽因。

柳林水村和林徽因拿出实际行动，他们提出"城市立体公园"的构想，在城墙上面修建花池，栽种植物，供市民登高、乘凉；城墙角楼等可以辟为陈列馆、阅览室、茶点铺。

因为这个构想，他们被划成"城墙派"。主张拆墙的人说，城墙是古代的防御工事，是封建帝王为镇压农民起义而修建的，乃是封建帝王统治的遗迹，是套在社会主义首都脖子上的枷锁，必须要拆除。

1953 年 5 月开始，对古建筑的大规模拆除开始在北京蔓延。梁思成和林徽因，为北京城的城墙疲于奔命。1953 年，林徽因的肺病已经越来越重了，她在一次聚会中和时任北京市市长的彭真据理力争，林徽因掷地有声地撂下一句话："你们现在拆的是真古董，有一天，你们后悔了，想再盖，也只能盖个假古董了！"

林徽因说中了。2004 年 8 月 18 日，"假古董"——重建的永定门城楼竣工。

1955 年春节刚过，建工部召开了设计和施工工作会议，各部、局的领导和北京市委宣传部门的负责人参加了这次大会。会上，根据近年来各报陆续披露的基本建设中的浪费情况，和设计工作中的"复古主义""形式主义"偏向，进行了激烈的讨论和批判。这次会上，还组织了一百多篇批判文章，已全部打好了清样。

于是，"以梁思成为代表的资产阶级唯美主义的复古主义建筑思想"的批判，在全国范围内开始了。其中一篇批判文章《论梁思成对建筑问题的若干错误见解》刊登在《学习》杂志上。梁思成只好自我批评，从此在城墙保护运动中沉默下来。

# 你是人间的四月天

　　林徽因就是一个那么奇妙的人，无关山河的年岁，她的心总能守住春天，守住那片绿意。谁都知道，姹紫嫣红的春光固然赏心悦目，却也得从了四季流转，开幕时开幕，散场时散场。但心灵却可以栽一株长青的植物。林徽因这样聪慧，漫步红尘烟火里，灵魂却是一只青鸟，栖息在春花盛开的枝头。所以，即使她的生命里也有残缺，而我们看到的却是花好月圆。

　　该来的还是会来。

　　1954 年秋冬之际，林徽因再一次病倒了。这次是真的再也起不来——连挣扎着起床的力气也被肺病抽得一干二净。《中国建筑彩画图案》序文的校样已经送来好几天了，她刚读了几行就会头昏眼花。光是靠在床上什么也不做，冷汗就止不住地淌。她整夜整夜地咳嗽，片刻安睡都是奢侈。林徽因面如死灰，双眼深陷得吓人。

　　梁思成也病了，但他还是拖着病体照顾着妻子。从清华园进城一次很不容易，每次去城内的医院做检查对他们来说都是一次考验。而林徽因的身体也实在不能抵御郊外的寒冷。为了方便治疗，梁思成计划到市区内租房子。可还没等他安排妥当，他就病倒了。他从妻子那里传染的肺结核复发，必须住院治疗。

　　梁思成和林徽因都住进了同仁医院。他们的病房紧挨着，虽然

从这一间到那一间只要走两分钟，但他们都没力气走动。

梁思成没有住院的时候，还能三天两头到医院来一趟。现在他就在他隔壁，却一步都不能走近她。他们只得拜托送药的护士每天传一张纸条，相互问候。

一道墙壁，却像隔着万水千山，似乎要把他们永远地分开了。

林徽因已经很久不敢照镜子了，她怕在那块明亮的玻璃上，看到自己瘦骨嶙峋的面容和一生跌跌撞撞的路程。

林徽因的床头一直放着一本《拜伦诗选》，医院的医生和护士常常能听见她低声地诵读着那些诗句。

在她没有力气翻动书页的时候，她就把手放在书本上，仿佛要从书本里汲取一些力量。

1955 年的春节，夫妻俩是在医院里度过的。再冰和从诫回来了。他们从父亲的病房到母亲的病房，给他们讲学校里发生的趣事，社会上的见闻。这是梁思成和林徽因一天中最快乐的时光。孩子们离去后，幸福的微笑还久久地停留在他们憔悴的脸上。

一些老朋友和清华建筑系的师生也不时前来探病。他们大多住在学校，进城不方便，梁思成和林徽因总是劝他们不要再折腾了。

春节过后，梁思成病情稍微好了些，医生允许他轻微活动活动。每天等医生查完房，护士打完针，他就来到林徽因的病房陪着她。他们挨在一起小声地聊着天。一直以来，妻子都是说话的主角，丈夫是听众。现在他们的角色终于互换了。林徽因惊讶地发现，原来丈夫竟然是这么健谈，而且记忆力惊人。从年少时的趣事，到他们初次相见，到宾大的甜蜜和争吵，到李庄的相濡以沫不离不弃……每一件事他都记得这么清楚。林徽因听着梁思成的回忆，那些往事又像放电影一样在眼前上演了，青春的影子在飘摇着。梁思成说现在没什么遗憾的，再冰写了入党申请书，正在积极地争取入党呢！这是再冰的秘密，想要等被批准后给妈妈一个惊喜。林徽因听了高兴坏了，答应和丈夫"合谋"严守秘密。

梁思成担心林徽因会疲劳，说一阵子，就让她闭目养神。这时候他或者回到自己房间，但大部分时候还是留在妻子身边陪着她。什么都不说，什么都不做，只是安静地呆在一起。这是一段静谧的，完全属于他们的时间。从美国读书回来后，他们就很少有这样的时光了。每一天都为事业、为生活忙碌着不得闲。现在，反倒是这场病，给了他们难得的清闲时光。

林徽因非常平静，她丝毫没有表现出对死亡的恐惧。十年前，甚至更早，她就已经做好了一切准备。她来过这个世界，每天都没有浪费地努力地活着；她的爱人还在她身边，战争和疾病都没能把他们分开；孩子们长大了，有自己的主见和未来；她有自己钟爱一生的事业，建筑、文学、艺术，这些给了她莫大的快乐和安慰，支撑她熬过一个个病痛的白天夜晚。什么她都有了，没有遗憾了。

梁思成的心情却截然相反。看着妻子一天天衰竭，他心如刀绞，却又无能为力。他绝望地向老天乞求着，祈求生命的奇迹再一次降临。他害怕林徽因这次真的要走了，丢下他在这个他越来越不懂的世界里彷徨。她常常在剧烈的咳嗽之后闭着眼睛微微喘气，好一会儿才能缓过来。她垂着眼睑的样子，那安静的神态让他想起他们的第一次相遇。

那时候，她是一个14岁的小仙子。小仙子施了魔法，令他再也放不下她。明知道这不是一条容易的路，还是陪她走了一程又一程。

直到生命的尽头。

外面已经是山雨欲来风满楼，梁思成不怕，他怕的是她离他而去。

夜晚又来了。

林徽因半夜醒来，呼吸忽然变得急促。往事像走马灯似的在她眼前飞掠而过。杭州陆官巷的栀子花开了，祖母摘了一朵插在小徽因的发间，祖父严肃的脸露出不易察觉的慈爱的神色；不是啊，那是父亲吧？那清奇的相貌不是父亲是谁？他在问："徽徽，你幸福吗？"刚要开口回答，母亲又来了，她在抱怨父亲的离去。康桥上，那个戴着玳瑁眼镜的长衫青年在对她吟诗，是她没听过的新的诗句。老金来了，手上拿着两个鸡蛋，高兴得像个孩子……不不，那分明是思成，他躺在帆布床上补着破袜子，一会儿他又起来了，去给那三个半人高的炉子扇风添煤。思成忽然变成了再冰，她和从诫在哭呢……什么事情那么伤心？妈妈在这里……思成告诉他们不要哭了……妈妈在这里……

林徽因追悼会上的遗像，摄于1945年。

"思成！思成！"林徽因挣扎着拼尽力气呼喊。实际上她只发出微弱的声音。

灯亮了，是护士走进来。她轻声问："林小姐，您需要什么？"

"我想见一见思成。"林徽因忽然变得清醒又镇静，她知道这一次，自己的命真的留不住了。她清楚地说："我有话要对他讲。"

护士柔声说："已经很晚了，有什么事情明天再说吧。"

没有"明天"了。

黑夜的幕布一点点拉开了，死神的黑袍却落了下来。曙光悲怆地将温热献给这间雪白的房间，和病床上雪白的人。

林徽因神情安详，恍若剥离了痛苦一般安然沉睡着。

这是1955年的4月1日，清晨6点。

中国第一代女建筑学家走完了51年的人生。

在一天中最清新的时刻，世界刚刚睡醒，朝露还没有被蒸发。这样的时刻，其实是很适合天堂打开大门，迎接这个美丽绝伦的灵魂的。

1955 年 4 月 2 日，《北京日报》发表了林徽因病逝的讣告。

治丧委员会由张奚若、周培源、钱端升、钱伟长、金岳霖等 13 人组成。

4 月 4 日，林徽因的追悼会在北京市金鱼胡同贤良寺举行。北京市市长彭真送了花圈。

在众多的挽联中，她一生的挚友金岳霖教授和邓以蛰教授合写的挽联最引人注目：

一身诗意千寻瀑，万古人间四月天。

这是对林徽因一生最好的注解。

由于林徽因生前设计国徽和人民英雄纪念碑的特殊贡献，北京市人民政府决定，将她的遗体安葬于八宝山革命公墓。

林徽因曾和梁思成互有约定，谁先去世，活着的那个要为他（她）设计墓碑。梁思成履行了最后的承诺。他设计的墓体简洁、朴实、庄重——也许，林徽因在他的心中，就是这个样子。

人民英雄纪念碑建筑委员会决定，把林徽因设计的一方白玉花圈刻样移作她的墓碑。墓碑上镌刻着"建筑师林徽因之墓"几个字。

生如夏花之绚烂，死若秋叶之静美。51 年的生命，不短不长，比起长寿者，还是有些许遗憾；但一生华美，断不是庸常之人所能企及，亦足以无悔。活着的时候喜欢热闹，死去时，却像青鸟一样倦而知返，在月色还未散去的清晨踏着薄雾而去。

一代才女的人生，被季节封存在四月天。